절제의 기술

일러두기 —————

1 본문의 모든 인용문은 영문판 텍스트를 한국어로 옮긴 것입니다.

2 본문의 괄호 안 글 중 옮긴이가 독자들의 이해를 위해 덧붙인 글에는 '옮긴이'로 표시
   했습니다. 이 표시가 없는 글은 지은이의 글입니다.

3 본문에서 언급하는 단행본이 국내에서 출간된 경우 해당 제목으로 표기했고, 출간되지
   않은 경우 원제를 직역했습니다.

4 책 제목은 겹낫표(『』), 편명, 영화, 게임, 방송프로그램 등은 홑낫표(「」), 신문은 겹화살
   괄호(《》)를 써서 묶었습니다.

유혹의 시대를 이기는 5가지 삶의 원칙

스벤 브링크만 지음
강경이 옮김

절제의 기술

다산
초당

"진정한 행복은 절제에서 나온다"

– 요한 볼프강 폰 괴테

원칙 4

단순하게 살기
지속 가능한 삶을 위한 정치적 결정

원칙 5

기쁜 마음으로 뒤처지기
일상이 즐거워지는 삶의 미학적 형식

기꺼이 뒤처지고
더 많이 내려놓을 용기

"나는 무엇이든 이겨낼 수 있다. 단 하나, 유혹만 빼고." 작가 오스카 와일드는 이렇게 선언한 것으로 유명하다. 아마 많은 사람이 공감할 것이다. 당장 고개를 돌려 주변을 둘러봐도, 우리 곁에는 쉽게 이겨내기 힘든 유혹이 가득하니까.

"당신은 소중하니까요." 유명 화장품 광고가 우리에게 속삭인다. "저스트 두 잇." 세계적인 스포츠용품 회사가 우리를 부추긴다. 인스타그램과 페이스북 피드에 전시되는 수많은 음식점과 여행지는 또 어떤가? 우리의 눈길과 발걸음이 닿는 곳마다 '가능한 한 빨리! 가능한 한 많이!'라며 욕망을 부추기는 것들이 가득하다. 누군가 강제하진 않았지만, 그런 유혹의 문화가 사회 전반에 깔려 있다. 뭐 사실, 그래선 안 될 이유라도 있을까? 우리에겐 선택권이 있는데 왜 주저한단 말인가? 아, 혹시 시간이나 돈이 아까워서?

2018년 영화「보헤미안 랩소디」가 전 세계적으로 흥행하면서 다시금 명성을 떨친 1970~1980년대 최고의 록밴드 퀸은 이렇게 노래했다. "난 다 원해. 지금 다 원해! I want it all, and I want it now." 이후 이 가사에 담긴 메시지는 줄곧 우리 사회 곳곳에서 애용되는 후렴구가 되었다. 인생은 짧다. 오스카 와일드나 프레디 머큐리의 인생도 비극적일 만큼 짧았다. 그러니 우리 역시 늦기 전에 지금 당장, 머뭇거릴 시간에 조금이라도 더 많이 경험해야 한다. 거기에 일말의 망설임 따윈 있을 수 없다!

더 빨리, 더 많이, 더 효율적으로

● ● ● ●

　이것이 요즘 우리를 지배하는 생각이다. 조금이라도 더 많이 경험하고, 소유하며, 성취해내는 삶이 모두가 꿈꾸는 이상이 되었다. 그래서인지 다들 정말 분주하게 돌아다니며 오늘을 즐긴다. 카르페 디엠! 지금, 이 순간에 충실하라는 메시지는 오늘날 많은 사람이 읊조리는 가장 인기 있는 경구다. 인생은 한 번뿐이라는 '욜로YOLO, You Only Live Once' 역시 널리 쓰이는 표현이 되었다. 본래 의미와는 조금 멀어지긴 했지만 말이다. 우리는 해도 후회 안 해도 후회라면, 하고 후회하는 게 낫다고 서로에게 조언한다. 망설이다가 무언가를 놓치는 것이야말로 최악의 시나리오니까!

　유행이나 흐름에 뒤처질지도 모른다는 두려움, 즉 포모FOMO, Fear Of Missing Out가 항상 우리를 사로잡고 있다. 사람들은 수시로 스마트폰을 들여다보며 소셜미디어의 게시물을 확인하고 맛집이든 특가 상품이든 한정판이든 어쩌다 눈길을 사로잡은 것이라면 단 하나도 놓치지 않으려고 애쓴다. 혹시 절호의 기회를 놓쳐버리진 않을까, 유행에 뒤처지진 않을까, 나만 소외되진 않을까 두려운 것이다.

　하지만 눈앞에 있는 모든 것들을 하나도 놓치지 않으려고 매 순간 전전긍긍하며 살 수는 없다. 그래서 우리는 도움을 찾는다. 눈앞에 나타난 수많은 행복을 손에 넣기 위해선 누구보다 재빨라야 하고 시간을 최대한 효율적으로 써야 하니까. 그래서일까? 온라인 서점에서 효율성에 관한 책을 찾으면 무수히 많은 책이 쏟아져 나온다. 이를테면 '더 빨리 더 많은 일을 해내라', '계속 성취하라', '짧은 시간 내에 효율적으로 여행하는 법' 같은 주제의 책들 말이다. 더 적은 시간에 남보다 더 많이 성취해내는 생산성 향상법을 다루고, 그렇게 재빨리 목표를 달성한 뒤에는 '효율적'인 여가 활동을 통해 '균형 잡힌' 삶을 살라고 말한다. 이와 반대로 무언가를 해내지 않는 법을 알려주는 책은 많지 않다. 한 가지 일을 오랫동안 천천히 하면서 더 적게 성취하는 법을 알려주는 책은 거의 없다.

하지만 아무리 효율적인 사람도 세상 모든 행복을 손에 쥘 순 없다. 행복한 상태를 24시간 내내 유지할 수도 없다. 그렇다면 사실 우리에게 필요한 건 더 많은 일을 해내면서 끝도 없이 계속 새로운 행복을 찾는 게 아닐지도 모른다. 어쩌면 더 적게 성취하더라도 이미 가진 것에 만족하는 일이야말로 우리를 진정 행복하게 만들어주는 것 아닐까?

지나치게 다양한 선택지와 유혹이 가득한 세상에서 개인은 쉽게 파편화된다. 일도, 취향도, 우리의 삶과 정신도. 한 사람의 단단한 삶은 그저 많은 일을 얼마나 더 효율적으로 해내는지 판단하는 멀티태스킹 능력으로 완성되지 않는다. 정말 중요한 몇 가지를 선택하고, 거기에 지속해서 마음을 기울이는 능력이 더욱더 필요하다.

다른 모든 덕을 익히기 위한 가장 기본적인 덕

● ● ● ●

우리는 하루에도 무수히 많은 초대장을 받는다. 길

거리 광고와 소셜미디어, 간편 대출 광고와 핫딜 광고, 무료 스트리밍 서비스와 넷플릭스 시리즈가 끝없이 우리를 유혹한다. 지금 당장 무언가를 하라고, 좀 더 많이 경험하고 누리고 소비하라고 말한다. 오늘날 인류는 곳곳에서 유혹에 자극받는 특수한 문화를 창조해냈다. 그런데 감당하지 못할 정도로 정보가 계속 밀려들면 무엇이 중요하고 중요하지 않은지 구분하기가 힘들어진다. 예컨대 늦은 밤 잠들기 전에 잠깐 유튜브를 '서핑'(1990년대 표현대로)한다고 하자. 처음엔 가벼운 마음이었겠지만, 대개 그 여정은 거대한 정보의 파도에 휩쓸렸다가, 몇 시간이 지난 뒤에야 간신히 머리를 물 위로 내미는 결말로 끝날 때가 많다.

우리는 더 많은 경험을 하는 데 많은 시간을 쏟아붓고 있다. 그러나 '안 돼', '이제 그만'이라고 말하는 능력, 어떤 일을 하지 않기로 결정하는 능력, 다시 말해 절제의 기술을 얻기 위한 노력은 거의 하지 않는다. 개인으로서나 사회 전체로서나 이런 기술이 부족하다. 오랫동안 자원 소모와 과소비를 통한 무한 성장의 이념을 삶의 토대로 삼아왔기 때문이다. 뒤에서 다시 자세히 다루겠지만, 이러한 경향성은 다양한 위기를 초래한다. 예를 들어, 환경 파괴에 따른 이상 기온 현상 등이 대표적이다. 이런 문제들에 대해서는 좀 더 세밀하고 진지한 토론이 필요하다.

우리가 자초한 이런 위기가 실제로 존재한다는 것은 과학적으로 검증된 사실이다. 누군가가 부정한다고 없던 일이 되지 않는다. 이 책은 바로 그런 위기가 엄연히 존재한다는 사실에서 출발한다. 이런 위기 속에서 우리는 어떤 판단을 하고 어떤 가치를 추구해야 할까? 당장 전 세계의 모든 공장을 멈추고 원시 자연 상태로 돌아가야 할까? 나는 몽상적인 유토피아를 꿈꾸는 생태주의자가 아니다. 그 대신 고대 그리스까지 거슬러 올라가는 오랜 철학 전통에 주목하려 한다. 바로 절제다.

고대 그리스 철학자들은 그리스어로 소프로시네 sophrosyne라 불리는 절제를 시민이라면 누구나 반드시 갖춰야 할 품성으로 여겼다. 모든 사회적, 윤리적 활동에서 절제가 필요했다는 말이다. 고대 그리스인에 따르면 모든 일에서 절제를 실천할 때, 비로소 우리는 용기와 관대함 같은 다른 덕^{arete}도 익힐 수 있다. 다른 모든 덕을 익히기 위한 가장 기본적인 역할을 하는 덕이 바로 절제의 기술이라는 말이다. 만약 누군가 세상 모든 일을 모조리 다 해내려 애쓴다면, 정작 특정한 어떤 분야의 전문가가 되기란 무척 힘들 것이다.

끊임없이 욕망에 대한 갈증을 유발하며 자원을 고갈하는 사회가 아니라 정신적으로 충만하고 풍요로운 삶, 지속해서 번영하는 삶을 살기 위해서는 자기 절제와 자기 통제가 꼭 필요하다. 여기서 자기 통제와 절제란 자신을 스스로 학대하는 자학이나 기본적인 욕구를 부정하는 엄격한 금욕주의 같은 것이 아니다. 자학이나 금욕은 '안 돼'라고 말하는 것 자체를 목적으로 삼는다. 하지만 이 책에서 말하는 자기 절제는 우리가 마주한 현실을 토대로, 어깨에 놓인 책임을 기꺼이 짊어진 채 최선의 삶을 살아내기 위한 필요조건이다.

심리학, 철학, 윤리학, 정치학, 미학으로
바라본 절제의 기술

● ● ● ●

현대 심리학은 주로 개인이 자기 통제력을 발휘하는 맥락에서 절제를 다룬다. 물론 이러한 심리적 접근법도 중요하다. 하지만 이 책에서는 좀 더 다양한 측면을 함께 다룬다. 바로 심리학과 철학, 윤리학, 정치학, 미학이라는 관점을 통해 유혹의 시대를 이기는 다섯 가지 삶의 원칙을 소개하려 한다.

먼저 첫 번째 원칙은 '선택지 줄이기'이다. 이 원칙은 심리적 관점에서 자기 통제력을 구체적으로 발휘하는 법과 연결된다. 수많은 유혹의 한복판에서는 자기 통제력을 발휘하기가 좀처럼 쉽지 않다. 게다가 우리 마음에는 '쾌락 쳇바퀴'라는 비극적 시스템이 있다. 무언가 무척 얻으려 애쓰던 것을 막상 손에 넣고 나면, 얼마 지나지 않아 그것에 익숙해지고 더 이상 매력과 만족을 느끼지 못하는 것이다. 그래서 또다시 새로운 다른 무언가를 손에 넣기 위해 애쓴다. 이렇게 쾌락을 좇는 추격전이 시작되고, 이 추격전은 우리가 살아 있는 내내 이어지다가 죽어서야 비로소 멈춘다. 역설적으로 이런 쾌락 쳇바퀴 안에선 빨리 달리면 달릴수록 욕망이 채워지기는커녕 점점 더 커진다. 많이 가질수록 만족하는 게 아니라 더 많이 원하게 되는 것이다. 이미 인류 역사상 믿을 수 없을 정도로 부유한 나라에 사는 사람조차 더욱 부유해지기 위해 매일같이 죽도록 일한다는 게 기이하지 않은가? 이런 악순환을 어떻게 깰 수 있을까? 새로운 쾌락이나 더 나은 선택지를 찾는 대신, 선택지를 줄이면 된다.

두 번째 원칙은 '진짜 원하는 것 하나만 바라기'이다. 실존주의 철학자 쇠렌 키르케고르는 "마음의 순결함은 단 한 가지만 바라는 것이다"라고 말했다. 조금 드라마틱한 표현이지만 자신이 가장 마음 쓰는 한 가지에 계속 집중하기 위해 다른 것들은 놓아버리는 것이 마음의 순결함을 지키는 방법이다. 인생을 성찰하다 보면 모든 것을 다 가지려는 욕심을 버려야 한다는 깨달음이 생긴다. 덴마크 시인 피트 헤인도 비슷한 말을 했다. 보다 의미 있는 삶을 살고 싶다면 우리는 진짜 원하는 것 하나에 마음을 써야 한다.

세 번째 원칙은 '감사하고 기뻐하기'이다. 윤리적 관점에서 타인과 맺는 관계를 다룬다. 우리는 소중한 다른 누군가를 위해 기꺼이 무언가를 내놓고, 그들이 나의 삶과 밀접하게 연결되어 있다는 데 감사하고 기뻐할 때 비로소 인간답게 살 수 있다. 이는 특히 절제(소프로시네)를 윤리적 삶의 핵심 요소로 보았던 고대 그리스 철학의 덕 개념과도 연결된다.

네 번째 원칙은 '단순하게 살기'이다. 절제의 사회적, 정치적 측면을 다룬다. 우리의 공동체적 삶에 초점을 맞추어, 끊임없이 욕망하고 모든 것을 다 가지려 하기보다는 그럭저럭 만족하며 살아가는 법을 배워야 하는 근본적 이유에 대해 살핀다. 지구의 자원은 한정되어 있지만 인구는 계속해서 증가한다. 한쪽에서는 환경 문제가, 다른 한쪽에서는 식량 부족 문제가 대두되고 있고, 같은 나라 안에서도 불평등이 점점 더 심해지고 있다. 되도록 많은 사람의 삶이, 이상적으로는 인류 모두의 삶이 앞으로도 지속 가능하기를 바란다면 지금부터라도 절제의 기술을 배워야 한다. 특히 부유한 나라에 사는 사람들부터 말이다.

다섯 번째 원칙은 '기쁜 마음으로 뒤처지기'이다. 미학적 관점에서 절제는 단순하며, 그렇기에 아름답다. 이처럼 단순함에 아름다움이 깃들어 있다는 생각은 꽤 오래되었으며 예술과 철학, 과학 분야 모두에서 접할 수 있다. 어쩌면 이 생각은 우리 삶에도 적용될 수 있지 않을까? 화려한 유행 대신, 더욱 단순한 아름다움을 추구하는 것이다. 나는 일상에 질서를 부여하고, 에너지와 자원을 더 의미 있는 활동에 쏟도록 해주는 단순한 의례에 미학적 가치가 있다고 생각한다. 그러한 의례의 가치를 살펴본 뒤, 절제의 기술을 실천할 더 구체적인 방법도 제안하려 한다. 유행에서 뒤처진 채 약간의 부족함을 즐기는 일도 얼마든지 예술적인 삶의 기술이 될 수 있다.

물론 이 다섯 가지 원칙이 절제의 기술, 그 전부는 아니다. 심리적 관점과 실존적 관점, 또는 정치와 윤리를 구분하는 데 엄격한 경계가 있는 것도 아니다. 각각의 원칙은 서로 겹치는 부분도 있지만, 각각 독립적인 것으로 여길 수도 있다.

또한, 나는 이 책을 읽는 독자들이 다섯 가지 원칙 모두에 동의하리라고도 생각하지 않는다. 단지 이 책을 읽으며 각자 자신만의 입장을 세우고, 무언가를 얻을 수 있다면 좋겠다. 나는 여러 다른 측면에서 삶을 들여다보면서, 절제에는 사람들이 생각하는 것보다 더 근본적인 가치가 있다는 것을 일깨워주고 싶다. 중요하지 않은 수많은 일에 마음을 쏟느라 정작 우리가 마음을 써야 할 중요한 가치들을 놓쳐서는 안 된다. 우리는 절제의 기술을 통해 적당히 만족함으로써 유혹과 욕망을 적절하게 통제하는 법과 정말 의미 있는 일에 시간을 쓰는 법을 배울 수 있다.

인류학자 해리 울컷은 자신이 지도하는 학생들에게 이렇게 말하곤 했다. "더 적게, 대신 더 철저하게 해라."[1] 우리 역시 그의 충고에 귀를 기울일 필요가 있다. 삶에도 '더 적게, 대신 더 철저하게'라는 원칙을 적용하는 것이다. 그러기 위해선 외부의 유혹이나 내면의 욕망에 우리 자신이 휘둘리도록 내맡기지 말고, 오히려 기꺼이 뒤처지고 더 많이 내려놓을 용기를 가져야 한다. 자, 그럼 지금부터 그런 용기를 북돋을 다섯 가지 원칙을 하나하나 살펴보도록 하자.

원칙 1

선택지
줄이기

내 삶의 한계에 대해 깨달을 심리적 준비

⬥
⬥
⬥

가장 유명한 심리학 이론 가운데 하나는 우연히 발견됐다. 스탠퍼드대학교 수석연구원 월터 미셸은 유치원 아이들이 자기 욕망에 어떻게 반응하는지 궁금했다. 그는 아이들에게 비스킷과 프레츨, 마시멜로 같은 간식을 하나씩 건네는 대신, 그걸 먹지 않고 20분 동안 기다리면 나중에 더 큰 보상(예를 들어 비스킷 두 개)을 주겠다고 말하고는 방을 나갔다. 아이들은 방에 혼자 앉아 과자를 바로 먹을 것인지, 아니면 조금 참았다가 나중에 더 큰 보상을 받을지 고민해야 했다.

이 실험은 1960년대에 이루어졌다. 몇 년이 지난 뒤, 미셸은 실험에 참여한 아이들이 과자를 먹지 않기 위해 어떻게 부단히 애썼는지, 눈앞의 유혹을 절제하기 위해 얼마나 독창적인 방법들을 고안해냈는지 생생하게 묘사한 책을 썼다.[1]

이처럼 개인이 유혹에 사로잡힌 채 자신의 욕망과 싸우는 이야기는 우리의 본성을 이해하는 데 굉장히 중요한 관점을 제시한다. 무려 에덴동산의 아담과 이브 이야기까지 거슬러 올라가는 오래된 관점이다. 미셸의 실험은 인간 심리의 복잡한 측면들을 잘 보여준다. 우리는 맛있는 것을 당장 먹고 싶지만, 동시에 먹지 않겠다는 욕망도 동시에 가질 수 있다. 현재 다이어트를 하고 있다거나, 나중에 먹으려고 생각할 수 있으니까 말이다. 당장 먹고 싶은 걸 나중에 먹기 위해 아껴 두는 행위에는 사실 대단한 의지력이 필요하다.

의지력보다 중요한 건 세상에 대한 신뢰

● ● ● ●

    여러 해 뒤, 이 실험은 더욱 유명해진다. 실험에 참여한 아이들이 나중에 어떤 행동과 성격 특성을 보였는지 조사했는데, 그 결과가 무척이나 놀라웠다. 이후 그 실험은 '마시멜로 실험'이라는 이름으로 널리 알려진다. 1968년부터 1974년까지 무려 550명 이상의 아이가 이 실험에 참여했고, 그 뒤로도 대학 연구실과 TV 프로그램 등에서 비슷한 실험이 여러 번 반복되었다. 그 놀라운 결과는 바로 이것이다. 유혹을 더 오래 참아낸 아이일수록 나중에 대학교 입학시험 점수도 더 높게 나온 것이다. 그뿐 아니라 눈앞의 유혹을 참고 만족을 지연하는 능력은 성인기(27~32세)에 이른 피실험자가 보여준 다른 많은 특징과도 밀접하게 연결됐다. 이를테면 자아 존중감, 스트레스 관리, 중요한 목표를 성취하는 일반적인 능력 같은 것들 말이다. 심지어 유혹을 잘 참았던 아이는 어른이 되었을 때 체질량지수가 평균보다 상당히 낮았고 비만에도 잘 걸리지 않았다.

아이들이 어린 시절에 보여준 만족 지연 능력이 실제로 그들이 어떻게 성장할지에 대해 그토록 많은 정보를 알려준다는 사실은 무척 놀랍다. 이러한 놀라운 발견 덕분에 마시멜로 실험은 전 세계적으로 유명해졌고, 『마시멜로 이야기』를 비롯해 여러 자기계발서의 토대가 되었다.[2]

그런데 독자들이 마시멜로 실험 결과를 자신과 아이들에게 들이대기 전에 기억할 만한 것이 하나 있다. 미셸의 연구 결과는 어디까지나 통계적 상관관계일 뿐이라는 점이다. 마시멜로 실험에서 간식을 받자마자 꿀꺽 삼켰던 아이 중에도 훗날 얼마든지 건강하고 영리한 어른으로 자라서 경쟁 사회의 기준에 완벽히 적응하는 사람도 있다. 물론 참을성 없는 아이들을 좋아하는 나로서는 그 아이들이 경쟁 사회의 기준 따위엔 적응하지 않아도 얼마든지 괜찮지만 말이다.

통계적 평균은 개인에 대해 아무것도 알려주지 않는다. 게다가 그렇게 수치를 제시하는 방식은 종종 사람들에게 쓸데없이 겁을 주기도 한다. 이를테면 통계적으로 흡연자는 비흡연자보다 폐암에 걸릴 가능성이 24배 높다. 이것은 엄연한 사실이다. 하지만 이런 통계는 흡연이 심각한 질병에 걸릴 확률을 엄청나게 증가시킨다는 것을 보여줄 뿐이고, 실제로는 흡연자 가운데 남자는 16퍼센트만, 여자는 9퍼센트만 폐암에 걸린다는 것도 사실이다.[3] 폐암의 발병 원인은 대략 90퍼센트 정도가 흡연에 있다. 하지만 다행히 대다수의 흡연자는 폐암에 걸리지 않는다.

흡연의 위험을 가볍게 여기라는 말은 당연히 아니다. 다만 연구자가 무엇을 증명하고 싶고 강조하고 싶은지에 따라, 통계는 여러 방향에서 사용될 수 있다는 말이다. 전체 인구 가운데 흡연자의 폐암 발병률이 통계적으로 높다고 해서, 모든 흡연자가 무조건 폐암에 걸릴 거라고 단언할 수는 없다. 마시멜로 실험에 참여한 아이들도 마찬가지다. 그러나 효율성과 이윤 극대화에 목을 매는 문화에선 그저 일반적인 통계 수치가 눈 깜짝할 사이에 중대한 교육학 개념으로, 환경이나 조건과 상관없이 개인의 의지에 따른 절제만 강조하고 찬양하는 자기계발서로 둔갑해버린다.

최근에 다시 이루어진 마시멜로 실험은 다양한 지점에서 원래 실험의 메시지에 도전했다. 미셸이 마시멜로 실험을 수행한 지 30년이 훌쩍 지난 뒤, 심리학자 셀레스트 키드와 동료들은 한 무리의 아이들을 실험에 초대했다. 키드의 실험 조건은 미셸의 마시멜로 실험과는 조금 달랐다. 아이들 가운데 절반은 자기가 말한 약속을 지키지 않는 신뢰할 수 없는 연구자를 만났고, 나머지 절반은 믿을 만한 연구자를 만났다.[4] 처음에 믿을 만한 어른을 만난 아이들 가운데 3분의 2는 나중에 더 큰 보상을 받기 위해 과자를 먹지 않고 15분을 잘 기다렸지만, 처음에 예측 불가능한 어른을 만난 아이들은 14명 중 단 1명만 15분을 기다렸다.

연구자들은 인간의 삶에서 중요한 것은 추상적 개념의 자기 절제만이 아니라, 세상과 타인에 대한 신뢰라는 결론을 내렸다. 달리 말해 자기 절제 능력이란 오롯이 개인의 의지에 달린 인격 특성이라기보다는 상황과 환경의 영향을 크게 받는다. 이 새로운 실험은 미셸이 했던 첫 번째 실험의 가치를 떨어뜨렸지만, 그와 동시에 새로운 의미를 덧붙였다. 한 개인의 성공은 개인적 차원에서뿐만 아니라 다양한 차원에서 생각해야 한다는 것이다. 개인의 내면적 심리 특징만이 아니라, 타인과의 관계나 양육 환경 등 그를 둘러싼 여러 조건도 고려해야 한다고 말이다.[5]

　　주변에 신뢰할 만한 어른이 거의 없으며 혼란스럽고 불안정한 환경에서 자라난 아이는 그 누구도 아무것도 신뢰하지 못한다. 자연스럽게 자기 눈앞에서 당장 얻을 수 있는 만족을 절제하고 나중으로 미뤄야 할 어떤 이유도 알지 못한다. 손안에 든 새 한 마리가 숲속에 있는 새 두 마리보다 낫다는 속담이 있다. 이처럼 그들에게는 당장의 쾌락과 만족이 훨씬 더 가치가 크다. 얼핏 보기에 그저 무분별하게 자기를 절제하지 못하는 행동이, 상황에 따라서는 경험과 '합리적' 판단에서 나온 행동일 때가 있다.

더 큰 보상을 위한 절제 넘어서기

● ● ● ●

나는 이번 장을 마시멜로 실험 이야기로 시작했다. 그리고 지금부터 기꺼이 뒤처지고 내려놓는 일의 중요성을 이야기할 생각이다. 무언가를 내려놓기 위해서는 자기 절제가 필요하다. 그리고 미셸에 따르면 자기 절제는 근육처럼 훈련될 수 있다. 성공하려면 자기를 절제하는 능력이 중요하다고들 한다. 통계적으로 따지면 높은 아이큐보다 더 중요하다고 한다. 물론 이런 발견도 중요하다. 하지만 마시멜로 실험을 해석하는 데 환경의 중요성을 가볍게 여기고, 단지 개인적인 차원에서만 그 결과를 해석하는 관점에는 문제가 있다. 아니, 거기서 더 나아가 그 실험에 내포된 기본적인 전제도 비판적으로 검토해야 한다.

우리가 자기 절제를 익히고 지금 당장 누릴 수 있는 보상을 포기하거나 미뤄야 할 이유는 뭘까? 마시멜로 실험에서 아이들이 눈앞의 보상을 기꺼이 내려놓을 수 있던 동기는 더 큰 보상을 얻기 위해서였다. 이 실험의 논리에 따르면 인간은 보상(과 벌)에 따라 움직인다. 하지만 나중에 더 큰 보상을 기대하지 않고도 절제해야 할 상황이 있지 않을까?

예를 들어, 아이가 소풍을 갔는데 옆에 있던 친구가 그만 도시락을 잃어버렸다고 가정해보자. 아이에게는 빵과 과자가 네 개 있고, 그걸 모두 먹고 싶지만, 친구를 생각해서 그 일부를 줘야겠다는 생각을 할 수 있다. 대부분의 부모라면 아마 이런 상황에서 자기 아이가 친구와 음식을 나눠 먹기를 바랄 것이다. 나 역시 마찬가지다. 나는 내 아이들이 스스로 자기 음식을 친구와 나눠 먹을 때 뿌듯함을 느낀다. 나눠 먹으려 하지 않을 때면 친구와 나눠 먹으라고 권하기도 한다.

그런데 이렇게 다른 사람에게 내 것을 나눠준 뒤 보답을 받을 때도 있지만 그러지 않을 때도 있다. 음식을 받은 친구가 보답할 수도 있지만 그러지 않을 수도 있다. 우리가 아이에게 음식을 나눠 주라고 권하는 이유는 보답 여부와는 상관이 없다. 어떤 행위가 도덕적인지 아닌지는 이익과는 관련이 없기 때문이다.[6] 이기적인 기회주의자들이나 매번 '그게 이익이 되는 일이야?'라는 질문을 한다. 그런 이들은 이른바 '경쟁국가'라는 곳에서는 이상적인 유형이겠으나, 우리가 인간으로서 지녀야 할 진정한 도덕적 용기와는 대척점에 있다. 현대 경쟁국가는 교육제도를 통해서든 일터에서든 우리에게 끊임없이 자신의 역량을 계발하라고 권한다. 이때 자기계발의 책임을 스스로 기꺼이 떠안고 다른 모든 사람과 경쟁하면서 자기 목표를 이루기 위한 기회를 좇는 이들이 경쟁국가의 이상적인 인간 유형이 된다.[7]

마시멜로 실험에서는 나중에 더 큰 보상을 얻기 위해 눈앞의 욕망을 참는 것이 절제다. 이런 생각에는 기회주의적이며 도구주의적인 논리가 깔려 있다. 어떤 행동이 이익이 되니까 해야 한다는 논리는, 그 자체로 다른 행위들보다 옳은 행동이 있다는 사실을 소홀하게 만들 위험이 있다.

서두에 언급했던 "마음의 순결함은 단 한 가지만 바라는 것이다"라는 키르케고르의 실존적 격언으로 다시 돌아가 보자. 그의 말은 우리가 원하는 것이 어떠한 다른 이유 없이 그 자체로 유일할 때만 좋을(선함) 수 있다는 뜻이다. 따라서 마음의 순결함이란 기회주의나 딱 받은 만큼만 주겠다는 식의 태도와 대립한다.

마시멜로 실험이 강조한 식의 자기 절제가 중요하지 않다는 말은 물론 아니다. 내가 하려는 말은 자기 절제라든가 유혹에 저항하는 힘이 절제의 기술을 갈고 닦는 데 매우 중요하지만, 그 목적이 단지 더 큰 보상을 얻기 위한 것이라면 공허하고 이기적인 것으로 전락할 수 있다는 뜻이다. 절제의 기술은 실존적이며 윤리적으로 중요한 상황에서 의미를 가진다. 이러한 가치와 연결되지 않은 절제는 개인의 눈먼 자기 충족 수단으로 축소되기 쉽다. 순전히 기회주의적이거나 도구적인 자기계발 도구가 되기 쉽다는 말이다.

쾌락 쳇바퀴에서 탈출할 수 있을까

● ● ●

절제의 기술과 관련 있는 심리학 분야로는 행복 연

구, 그리고 행복해지는 법에 대한 수많은 조언을 꼽을 수 있다. 최근 들어 '행복 산업'이 사회 곳곳에 생겨나고 있다. 심리 치료사와 인생 코치, 상담사, 자기계발서 저자들은 자기 생각과 느낌, 행동 방식만 바꾸면 온갖 번뇌가 사라지는 열반에 이르거나 엄청난 성공을 이룰 것이라고 약속한다.[8]

물론 이런 현상의 문제는 앞에서 언급한 대로 모든 책임을 개인에게 돌린다는 데 있다. 개인을 둘러싼 사회적 관계나 환경의 중요성을 간과한 채 단지 '행복은 개인의 선택에 달렸다!'고 선언함으로써, 행복과 불행의 책임을 개인에게 오롯이 떠넘긴다.

그러나 실제로 행복을 '선택'하기만 하면 곧바로 행복해질 수 있는 사람은 아주 소수에 불과하다. 아마도 충분한 경제력을 갖추고 좋은 사회 문화적 기반에서 자라나고 생활하는 이들일 것이다. 따라서 이런 주장은 불행의 원인이 우리 자신에게 있다는 느낌을 더욱 부추겨, 결국 행복 산업의 서비스에 더욱 의존하도록 만든다. 오늘날 행복 산업은 눈덩이처럼 스스로 굴러가며 끊임없이 덩치를 키우고 있다. 이런 현상을 비판적 관점에서 바라보자. 문제는 우리가 24시간 내내 행복할 수 없다는 사실이 아니다. 사람이 항상 행복할 수는 없다는 건 그 누구도 어쩔 수 없는 우리 삶의 현실이다. 문제는 오히려 우리가 항상 행복해야 한다고 생각하면서 더 많은 행복을 쉴 새 없이 쫓아다니는 데 있다. 물론 그렇게 하면 어쩌면 잠깐은 행복감을 느낄지 모른다. 하지만 이내 그 행복에 익숙해져서 다시 지루함을 느끼게 되고, 계속해서 더 많은 행복을 찾아다니게 될 것이다. 마치 목이 마를 때 바닷물을 들이켰다가 더 큰 갈증만 느끼게 되는 것처럼 말이다.

심리학에서는 이러한 현상을 '쾌락적응', 또는 더 재미있는 용어로 '쾌락 쳇바퀴'라 표현한다. 이 단어들에서 쓰이는 '쾌락적hedonic'이라는 단어는 쾌락이나 즐거움을 뜻하는 그리스어 '헤도네hedone'에서 나왔다. 다시 말해 쾌락적응이란 우리의 행복 수준이나 욕망이 충족되어도 시간이 지나면 다시 이전의 기준치로 되돌아가는 성향을 말한다.

우리는 계속해서 자극에 익숙해진다.[9] 실제로 좋은 것에든 나쁜 것에든 언젠가는 반드시 익숙해진다. 심지어 복권 당첨과 같은 굉장히 좋은 변화나 연인과의 이별과 같은 몹시 슬픈 변화에도 말이다. '시간이 약'이라는 말처럼, 우리는 차츰 그것이 특별히 좋거나 나쁜 일이라고 생각하지 않게 되고 세상은 다시 예전과 같은 곳이 된다. 이처럼 특정한 자극에 이내 익숙해지는 것은 우리의 생리적, 심리적 특징이다. 예를 들어, 햇빛이 있는 곳에 있다가 어두운 방으로 들어설 때, 우리 눈은 새로운 밝기에 익숙해지기까지 약간의 시간이 필요하다. 그러나 잠시 후면 어둠에 적응해서 바깥에서 보던 만큼 볼 수 있게 된다. 이처럼 우리 몸에는 자극에 일단 적응한 뒤에는 다시 이전으로 되돌아가려 하는 일종의 기준점 같은 것이 있다.

물론 이런 성향도 통계적 상관관계일 뿐이다. 개인마다 정도의 차이나 예외가 있기는 하지만, 일반적으로 사람들의 행복 기준치는 일시적으로만 달라졌다가 원래대로 되돌아온다. 몇몇 유명한 연구에 따르면 거액의 복권에 당첨된 사람들의 행복 수치를 측정해봐도 행복 지수는 아주 조금밖에 증가하지 않는다. 이와 비슷한 결과는 일본에서도 관찰되었다. 1958~1987년 사이에 일본 국민들의 부는 무려 다섯 배나 증가했지만, 이러한 수치는 그들이 주관적으로 느끼는 행복과 만족에는 큰 영향을 미치지 않았다.[10] 쾌락적응 이론은 바로 이런 현상을 설명한다.

물론 쾌락적응 이론이 전제로 하는 행복의 개념에도 의문을 품을 수 있다. 주관적인 행복을 '현재 당신이 삶에 대해 느끼는 만족도를 1부터 10까지로 표시한다면?'과 같은 방식으로 표시하는 건 행복을 너무 단순하게 수량화하는 행위다. 하지만 쾌락적응 이론에는 꽤 좋은 면도 있다. 비록 나쁜 일이 일어나더라도 우리가 주관적으로 느끼는 행복이 그 일을 겪기 이전 수준으로 회복될 가능성이 높다는 것이다. 물론 좋은 일에 따른 행복 역시 일시적이라는 점은 안타깝지만.

행복을 정점에서 계속 누리고 싶다면 그 욕망의 쳇바퀴를 쉼 없이 달리는 수밖에 없다. 그래서 우리는 정말 갖고 싶은 물건을 사기 위해 일을 하고 돈을 모으고, 그 걸 얻게 될 날을 고대하며 인터넷을 서핑하고 상품평을 읽으며 많은 시간을 보낸다. 그리고 마침내 탐내던 그 물 건이 도착했을 때, 우리는 매우 기뻐하며 행복의 정점을 누린다. 하지만 결국 오래지 않아 더 새롭고 다르고 좋은 물건을 또다시 갈구하기 시작할 것이다.

어떤 사람은 평생 이 집에서 저 집으로 계속해서 이 사를 하지만, 그 어느 곳에서도 안정감과 행복을 느끼 지 못한다. 좋은 일자리를 얻든 이상형의 배우자를 만나 든 '정복'의 기쁨이 워낙 빠르게 사라져버려, 더 새롭고 더 나은 일자리나 배우자를 너무도 쉽게 찾아 나서는 사 람들도 있다. 행복의 쳇바퀴에 오른 우리는 노상 더 빨리 더 빨리를 외치며 계속해서 쳇바퀴를 달리고 있는 자신 을 발견하게 된다. 마치 순간의 쾌락을 계속해서 느끼기 위해 죽음을 무릅쓰고 투여량을 높이는 마약 중독자처럼 말이다.

계속 더 행복해질 수 있다는 환상

● ● ● ●

인간의 욕망과 욕구를 완벽하게 채울 수 없다는 생각은 심리학은 물론 철학의 역사에서도 가장 오래된 통찰이다. 소크라테스는 일찍이 플라톤의 대화편 『고르기아스』에서 이 문제를 이야기했다.

> 영혼에서 욕망이 자리한 부분은 말에 설득당하고 이리저리 뒤집힌다네. 아마 시켈리아(시칠리아) 혹은 이탈리아 사람이었던 어느 재간 많은 사람이 이야기를 하나 지었는데, 거기서 그는 영혼을 '항아리'에 비유했지. (…) 무지한 자들의 영혼에서 욕망이 자리한 자리는 무절제하고 방탕해서 만족시킬 수 없기 때문에 구멍이 숭숭 난 항아리라 불렀다네.[11]

소크라테스는 인간의 욕망을 구멍이 난 항아리에 비유한다. 그 항아리에는 아무리 많은 걸 채워 넣어도 뚫려 있는 구멍으로 다 새어 나간다. 채워도 채워도 결코 채워

지지 않는 갈망과 구멍만 남을 뿐이다. 소크라테스에 따르면 적어도 '무지한' 자들은 그렇다. 오래전부터 철학자들은 인간의 욕망을 쳇바퀴나 구멍 난 그릇에 빗댔고, 이성적 사고를 통해 우리 자신과 욕망의 관계를 바로잡으려 애썼다.

고대의 거의 모든 철학 학파가 이런 노력을 했다. 가장 잘 알려진 사례가 바로 스토아철학이다. 스토아철학은 고대 그리스에서 시작되어 나중에 로마까지 이어진 철학 학파다. 그들에 대한 자세한 설명은 『스탠드펌』, 『철학이 필요한 순간』 등에서 다루었기에, 여기서 자세히 다루지는 않겠다. 오늘날 행복 산업은 '당신이 성취하게 될 멋진 일들을 상상해보라!' 같은 메시지를 던진다. 이러한 긍정적 시각화와 반대로, 스토아철학은 부정적 시각화를 활용하면서 우리 삶이 지닌 필연적인 한계를 깨달으라고 말한다. 바로 죽음이다.

메멘토 모리, 당신이 죽는다는 것을 기억하라는 메시지가 스토아철학의 근본적인 충고다. 스토아철학의 원칙은 『도덕적 인간과 비도덕적 사회』로 잘 알려진 윤리학자이자 정치사상가, 신학자인 라인홀드 니부어가 쓴 유명한 기도로 깔끔하게 요약할 수 있다. "신이여, 우리가 변화시킬 수 없는 것을 받아들일 평온을, 변화시킬 수 있는 것을 변화시킬 용기를, 그리고 그 둘의 차이를 아는 지혜를 주옵소서." 스토아철학의 요지 역시 이와 같다. 우리가 바꿀 수 없는 것들이 있으며, 그러므로 끊임없이 자신을 계발하려고 애쓰는 대신 인생에서 결코 바꿀 수 없는 것들과 함께 살아가는 법을 배우는 게 중요하다는 것이다.

스토아철학은 플라톤과 아리스토텔레스부터 시작된 오랜 철학 전통, 곧 한계를 인정하고 그것이 지닌 가치를 높이 평가하는 전통에 속한다. 한계를 중시하는 스토아철학의 관점은 새로운 정복 과제를 향해 끊임없이 자신을 채찍질하도록 부추기는 대신, 기본적으로 지금 우리가 가지고 있는 것에 감사하고 만족하게끔 만든다. 쾌락 쳇바퀴를 굴리는 걸 멈추고, 거기서 내려오도록 도와주는 것이다. 스토아철학은 우리 삶에 황홀한 행복을 끊임없이 불어넣지는 않는다. 대신 더 크고, 더 좋고, 더 비싸고, 더 많은 것을 바라는 헛된 환상으로부터 우리를 해방해준다.

이쯤에서 한 가지 언급하고 넘어갈 것이 있다. 이 세상에는 더 많이 원해도 되는 사람들도 있다는 사실이다. 우리는 절제에 대해 말할 때, 엘리트주의의 덫에 빠지지 않도록 노력해야 한다. 매일 16킬로미터씩 걸어서 출퇴근하던 사람이 더 나은 삶을 위해 자전거를 원하는 것은 너무도 당연하다. 하지만 나처럼 이미 물질적으로 충분히 풍요로운 덴마크 사람이 겨울용 경주 자전거와 여름용 경주 자전거를 산 뒤 세 번째 경주 자전거를 갖길 꿈꾸는 것은 지나친 것이다. 이 둘의 차이를 이해하는 것이 중요하다. (물론 나 역시 정말로 타임트라이얼 경주용 자전거가 필요하긴 하지만!)

스토아철학의 관점에서도 욕망과 꿈을 가지는 일이 그 자체로 부당하지는 않다. 하지만 우리에게는 그 꿈의 윤리적 가치를 깊이 생각할 의무가 있다. 즉, 절제의 기술을 배워야 할 이유가 우리에게 특별히 대단한 인내력이 있다는 걸 다른 사람에게 자랑하는 데 있지 않다는 것이다. 절제는 계속해서 쾌락 쳇바퀴를 달리는 행위, 새로운 쾌락을 끊임없이 찾아다니는 행동을 멈추는 데 쓰여야 한다.

행복지수 세계 1위
덴마크의 비밀

● ● ●

덴마크가 매년 행복지수 세계 1위 국가로 거듭 뽑히는 것은 조금 의아한 일이다. 물론 행복지수라는 것도 사람마다 다른 주관적 만족을 단순하게 수량화한 것에 불과하긴 하다. 어쨌건 한 가지 이유를 꼽자면 아마도 덴마크 사람이 삶에 대해 갖는 기대 자체가 애초부터 낮기 때문은 아닐까?

기본적으로 덴마크가 이룬 높은 수준의 평등과 복지, 타인에 대한 신뢰가 높은 행복지수와 관련이 있을 것이다. 하지만 내가 언급한 삶에 대한 낮은 기대 역시 꽤 영향을 미쳤을 것이다. 북유럽에는 '얀테의 법칙'이라는 게 있다. 얀테의 법칙은 간단히 말해 '내가 대체 뭐라고?'라는 태도를 바탕으로 한다. 자기 분수를 잘 알고 자만하지 말아야 하며, 성공에만 목매는 일은 다소 천박하다고 여기는 생각이다.

개인적인 의견이지만, 이러한 얀테의 법칙과 삶에 대한 낮은 기대 덕에 덴마크 사람은 다른 나라 사람보다 실망과 실패를 잘 견디는 것 같다. 언제든지 부정적인 결과를 마주할 심리적 준비가 갖춰졌으니 말이다. 어쩌면 덴마크 사람은 일종의 스토아철학자처럼 살아간다고 할 수 있겠다. 우리는 역경에 대처하기 위해 모든 일이 얼마든지 잘못될 수 있다고 상상한다. 심리학에서는 이런 전략을 '방어적 비관주의'라고 부른다. 고난과 실망스러운 결과에 대비하기 위해 미리 최악의 상황을 상상하는 것이다. 이러한 방어적 비관주의는 대체로 우리의 불안을 줄여준다.

이 이론을 지지하는 심리학자 줄리 노럼은 『부정적 사고의 긍정적 힘』이라는 제목의 자기계발서를 쓰기도 했다.[12] 노럼의 책 제목은 노먼 빈센트 필이 쓴 『긍정적 사고의 힘』을 염두에 둔 듯하다. 필의 책은 자기계발서의 고전으로, 오늘날에도 기억해둘 가치가 있다. 바로 지구에서 가장 '강력한' 남자인 도널드 트럼프의 세계관이 필에게서 나왔기 때문이다! 필은 트럼프의 어린 시절 그의 가족이 다녔던 마블합동교회의 목사였다.[13] 필은 트럼프의 첫 번째 결혼식에서 주례도 섰으며, 이후에도 트럼프는 필에 대해 "그는 아주 위대한 사람"이라거나 "그의 말은 온종일이라도 들을 수 있다"라는 식으로 찬사를 보내곤 했다.

필은 1993년 95세로 세상을 떠났지만, 그가 남긴 메시지는 여전히 강력한 영향력을 발휘하며 여전히 살아 있다. 수백만 부가 팔린 그의 책은 자기계발 분야의 복음서가 됐고, 우리 자신을 이해하는 인기 있는 관점 가운데 하나가 되었다. 그의 책을 읽지 않은 사람들 역시 그 영향을 받고 있다. 잠깐 그의 책의 장 제목을 살펴보자. '자기 자신을 믿어라,' '자신의 행복을 창조하는 법,' '지칠 줄 모르는 에너지를 갖는 법,' '생각이 바뀌면 운명이 바뀐다' 등 기본적으로 우리가 낙관적으로 사고하며 산다면 거의 모든 것을 성취해낼 수 있다고 말한다. 지금도 무수히 많은 자기계발서와 자기계발 강연에서 반복되는 이야기다.

이들에게 사실 자체는 그다지 중요하지 않다. 중요한 건 사실을 대하는 우리의 태도이며, 대신 그 태도는 반드시 긍정적이어야 한다! 트럼프는 특히 '나는 패배를 믿지 않는다'라는 장을 열렬히 사랑한 나머지, 자신이 패배할 상상조차 하지 못하는 듯하다. 2016년 미국 대통령 선거 당시, 그는 자신이 힐러리 클린턴에게 패할 경우 그 결과에 승복하겠다고 약속하는 일조차 당당하게 거부했으니 말이다. 민주적인 절차와 제도를 전혀 신뢰하지 않는 끔찍한 태도였다.

온갖 허풍과 확고한 자신감으로 무장한 트럼프는 긍정적 사고의 화신이다. 엄청난 부와 권력을 손에 쥐고도 절대 만족하지 않고, 더 많은 권력, 더 많은 돈, 더 많은 관심을 차지하려 한다. 그의 온몸은 결코 완전히 채울 수 없을 듯 보이는 욕망으로 가득 차 있다. 그의 긍정적 사고는, 물론 사회적으로는 전혀 긍정적이지 않다. 특히 그는 자신에게 맞서는 이를 조직적으로 비하하고 모욕한다. 그의 긍정은 오직 자기만을 향한다. 예를 들어 그는 대통령 취임식에 참석한 인파가 어마어마하다고, 무려 150만 명이나 왔다고 과장했다. 게다가 유세장을 다닐 때마다 자신을 지지하러 모인 '수천의 사람들'을 환영한다고 인사하곤 했는데, 사실 알고 보면 그보다 훨씬 적은 수가 모였으며 그중 몇몇은 돈을 받고 참여한 사람들이었다.

트럼프가 필의 긍정적 사고에서 배운 것은 일종의 자기기만이다. 긍정적 사고를 통해 자신만을 위한 또 하나의 현실을 창조해내는 것이다. '대안적 사실'(2017년 1월 도널드 트럼프 행정부가 취임식 인파를 두고 언론과 설전을 벌이는 가운데 사실이 아닌 내용을 '대안적 사실'이라 주장하여 등장한 유행어-옮긴이)을 계속 반복해서 말하다 보면, 어느덧 현실이 그 대안적 사실에 맞춰 유리하게 왜곡될 것이다. 아니, 적어도 사람들은 그 말을 믿게 될 것이다.

이처럼 엄연한 사실보다 낙관적인 태도를 중시하는 생각은 삶에 대한 낮은 기대와 부정적 시각, 방어적 비관주의에 담긴 가치와는 정반대 자리에 있다. 나는 트럼프야말로 욕망의 쳇바퀴를 끊임없이 굴리는, 한계를 모르는 문화의 표본이라고 말하겠다. 절제의 중요성 따위는 전혀 알지 못하는 욕망의 화신들을 양산해내는 문화의 위험한 산물이다. 그는 지금 당장, 이 세상 모든 것을 전부 자기 손에 넣고야 말겠다는 탐욕스러운 마음의 상징이다.

인간의 행복을 빼앗는
선택의 역설

● ● ●

심리학자 배리 슈워츠는 우리가 하는 선택의 의미를 선구적으로 탐구했다. 그의 연구는 『선택의 역설』이라는 책에 잘 정리되어 있다.[14] 이 책의 메시지는 다음과 같다. 우리는 삶에서 선택할 것이 많은 걸 대체로 좋아하지만, 거기에는 분명한 부작용이 따른다는 것이다. 슈워츠는 우리를 끊임없는 소비로 이끄는 문화 풍경을 생생하게 묘사한다. 그는 별것 아닌 아침 식사용 시리얼과 바지 한 벌을 사러 나섰다가, 이내 온갖 선택지의 장애물을 만난다. 슈워츠는 자신이 그 장애물을 요리조리 피해 다니며 숨 막히는 경주를 한 이야기를 흥미롭게 들려준다. 사실 우리의 일상 역시 별로 다르지 않다. 카페에서 커피 한 잔을 주문하려 해도 수많은 선택지에 부딪히니까. 그것도 에스프레소, 카푸치노, 마키아토처럼 낯선 이탈리아어로 말이다!

물론 슈워츠는 충분한 선택권이 필요한 상황도 있다는 것을 인정한다. 다만 그는 선택지가 계속 늘어난다고 상황 역시 항상 나아지는 건 아니라고 말한다. 슈워츠는 오늘날 사람들에게 선택권이 부쩍 늘어났다는 사실이 우울증 확산의 원인이라고 믿는다. 문제는 개인주의, 그리고 개인의 통제와 선택을 강조하는 현대 문화가 우울증에 맞설 예방 백신을 우리에게서 빼앗아갔다는 것이다. 다시 말해, 우리는 자신이 특정한 집단, 그리고 특정한 역사적, 문화적 배경에 속해 있다는 소속감을 빼앗긴 채 살아가고 있다. 오늘날 우리는 끊임없는 지위 불안에 시달리며, 욕망할 가치가 있다고 여겨지는 상품들, 그럴듯한 소비재를 살 돈을 벌기 위해 자신을 몰아치며 몸이 부서져라 일한다. 물론 우울증이 만연한 현상은 여러 요소가 뒤섞인 복잡한 문제지만, 이처럼 슈워츠가 묘사한 '선택의 역설' 또한 중요한 요소다. 특히 선택의 역설과 개인의 책임이 만나면, 서툰 실수를 할 때마다 자기 자신을 탓하는 상황에 놓이고 만다.

우리는 우리 발목을 붙드는 족쇄를 끊고 개인의 내면에 있는 소망을 현실로 이루어내는 과정이야말로 좋은 삶이라고 굳게 믿는다. 그러나 슈워츠는 행복의 핵심이 개인에게 있지 않고, 타인과의 친밀함과 사회적 관계에 있다고 말한다. 공동체야말로 실제로 우리를 굳게 결속시켜준다는 것이다. 내가 『철학이 필요한 순간』에서 다룬 것처럼 행복은 누구에게도 매이지 않는 자유로운 상태가 아니라, 우리 주변의 타인들에게 올바르게 매여 있는 상태다.

아, 물론 슈워츠의 책에도 불만은 하나 있다. 그는 우리가 무한한 가능성의 세상에서 살아간다는 것을 당연하게 여긴다는 점이다. 그리고 그런 세상에서 살아남으려면 어떻게 해야 하는지 묻는다. 하지만 가능성이 무한하다는 것은 잘못된 가정이다. 그 누구도 무한한 가능성을 가질 수는 없다. 물론 다른 사람보다 좀 더 많은 선택권을 가진 사람들도 일부 있기는 하다. 덴마크처럼 비교적 평등한 사회에서도 학력이나 직업 등 사회 규범과 교육 제도를 통해 사회적, 경제적 불평등은 재생산되니까. 모든 사람에게 무한한 가능성이 있다고 주장하는 것은 경험적으로 증명되지 않은 환상을 퍼트리는 일이다. 이러한 환상은 불평등의 희생자들에게 오히려 그 책임을 전가한다. 물론 슈워츠는 모든 사람이 무한한 가능성을 누릴 수 있다고 하더라도, 그런 상황이 상당히 비극적인 결과를 낳을 수도 있다는 것을 언급한다. 아주 많은 선택지가 오히려 파괴적인 영향을 미칠 수 있다는 것이다. 이는 그의 책에서 언급된 광범위한 과학적 문헌들이 증명한 사실이다.

그런데도 슈워츠의 책이 절제와 연결되는 지점이 있다. 바로 그가 추천하는, 무언가를 하지 않음으로써 보다 나은 삶을 만드는 다섯 가지 방법이다.

첫째, 선택의 자유를 어떤 방법으로든 자발적으로 구속한다면 삶은 더 나아질 것이다. 그러기 위해서는 우리 삶에서 만족스럽지 않은 부분들을 의식적으로 인정하고 그것을 받아들여야 한다. 이 책의 5장에서 나는 이런 실천을 미학적 프로젝트로, 곧 삶의 예술로 접근할 것을 제안한다.

둘째, 가장 좋은 것만 찾는 대신 '그럭저럭 괜찮은 것'을 찾는다면 삶은 더 나아질 것이다. 우리가 늘 최고만 추구한다면 영영 만족할 수 없다. 슈워츠는 '만족할 줄 아는 사람'이 되는 연습을 하라고 한다. 그럭저럭 괜찮은 것에 만족하는 사람이 되라는 말이다. 그는 최고를 지향하는 사람들이 오히려 우울증에 더 취약하다고 주장한다.

셋째, 우리가 내린 결정에 대한 기대치를 낮춘다면 삶은 더 나아질 것이다. 자기 운명의 주인이 되어본 경험이 많을수록 우리가 품은 소망을 실현할 수 있다는 기대감 역시 더욱 커진다. 악순환의 고리인 셈이다. 대체로 우리는 우리가 믿고 싶은 것보다 삶에 대한 통제권이 훨씬 적다.

넷째, 우리가 내린 결정을 뒤집을 수 없다는 걸 깨닫는다면 삶은 더 나아질 것이다. 결정을 뒤집을 수 없다는 사실을 깨닫게 되면, 제대로 된 결정인지 아닌지 끊임없이 고민하지 않기 때문이다.

다섯째, 주변 사람들에게 관심을 덜 기울인다면 삶은 더 나아질 것이다. 물론 대단히 힘든 일이다. 잘 알다시피, 우리는 사회적 동물이고 자신과 다른 사람들을 끊임없이 비교하니까.

슈워츠가 말하는 이 다섯 가지 방법은 절제의 기술에 관심 있는 이들이 충분히 귀 기울일 만하다. 이 방법의 핵심은 항상 최대의 만족을 얻으려는 생각이 삶을 망친다는 것이다. 슈워츠는 적당히 만족하는 법, 덜 가져도 만족하는 법을 배울 것을 추천한다. 하지만 무한한 선택의 자유를 이상적으로 여기는 태도는 이런 생각과는 철저히 모순된다.

밤새 넷플릭스를 보지 않으려면?

● ● ● ●

우리가 무엇이든 자유롭게 선택할 수 있다고 유혹하는 소비사회는 문제다. 또한, 새로운 디지털 기술의 등장으로 점점 더 늘어나는 오락거리 역시 문제다. 뉴욕대학교 교수이자 심리학자 애덤 알터는 이와 관련해 흥미로운 책을 썼다.[15] 『멈추지 못하는 사람들』이라는 책에서 그는 현대인의 마음을 끊임없이 흐트러뜨리는 유혹의 문화를 세심하게 묘사했다.

이제 사람들은 언제 어디서나 스마트폰과 태블릿 PC를 통해 무한한 정보에 접근할 수 있게 됐다. 실시간 스트리밍 서비스 덕분에 우리는 우리가 관심을 가질 법한 거의 모든 주제에 대한 영상을 찾아서 시청할 수 있다. 우리 주변에는 늘 새로운 물건을 사라고 부추기는 소액대출 광고와 신용카드 광고가 존재감을 과시한다. 페이스북이나 인스타그램 같은 소셜미디어는 또 어떤가? 한번 접속하면 거기에 푹 빠져 몇 시간씩 정신을 놓게 된다. 우리의 의지가 약해서 그런 게 아니다. 원래 사용자가 그렇게 중독되게끔 고안되었기 때문이다. 사용자가 스크롤을 내려가며 새로운 게시물을 보는 동안 새로운 업데이트가 끊임없이 추가된다.

넷플릭스라든지 우리가 쉽게 몰아서 볼 수 있는 TV 드라마도 마찬가지다. 일단 전원을 켜면, 그걸 멈추기 위해서는 정말 엄청나게 적극적인 노력이 필요하다. 안 그러면 다음 회가 저절로 시작되니까! 게다가 이런 드라마 시리즈들은 워낙 솜씨 좋게 제작되어서, 늘 손에 땀을 쥐게 하는 마지막 장면으로 끝나는 바람에 '딱 한 편만 더 봐야지' 하는 생각이 절로 들게 한다. 또한, 나는 개인적으로 「문명」이라는 게임 때문에 엄청난 즐거움과 좌절을 동시에 느꼈다. 이 게임의 강령은 무려 '딱 한 판만 더!'이다. 일단 이 게임을 시작하면 중간에 멈추는 건 거의 불가능하다.

바로 이러한 즐거움과 좌절의 결합이야말로 우리가 창조해낸 디지털 생태계의 특징이다. 가족과 친구, 지인들이 올린 게시물을 놓치지 않고 읽는 일은 무척 흥미롭고 즐겁다. 사회적 동물로 타고난 우리는 그런 일에 흥미를 느낄 수밖에 없다. 우리가 좋아하는 드라마 시리즈는 매혹적인 줄거리와 아름다운 영상미로 만족감을 준다. 오늘날 우리는 깨어 있는 시간 대부분을 숲이나 들판에 둘러싸여 보내는 대신, 컴퓨터 화면과 스마트폰 앱에 접속한 채로 보낸다. 몇몇 연구에 따르면 심지어 잠을 자는 시간보다 스크린을 쳐다보는 데 쓰는 시간이 더 많다고 한다.

하지만 이러한 디지털 생태 환경은 중독이라는 큰 문제를 일으킨다. 테크놀로지와 앱과 게임과 드라마 중독 같은 것들 말이다. 『멈추지 못하는 사람들』에서 알터는 사회와 문화가 계속해서 마우스를 클릭하고 스크롤하고 게시물을 확인하게끔 만든다고 말한다. 그렇게 함으로써 개인이 끊임없이 정보를 얻고 소비를 하게끔 부추기는 것이다. 문제는 이것이 그냥 단순한 의존증이 아니라는 점이다.

오늘날 우리는 우리가 지니고 있던 가장 중요한 능력을 잃어버릴 위험에 처해 있다. 타인과 육체적으로 가까이 교류하고 그들에게 관심을 기울임으로써 얻게 되는 중요한 기술 말이다. 바로 사람들과 만나고 공감하고 교류하는 사회적 능력이다.

이런 흐름에서 생긴 한 가지 특이한 현상은 디지털 문화에서 자발적으로 벗어나는 일이 일종의 인기 있는 사치재가 되었다는 것이다. 경제적, 문화적으로 여유가 있는 사람들은 디지털 기술로부터 멀리 떨어진 휴양지에 머물기 위해 많은 돈을 쓴다. 이를테면 외딴 섬이나 수도원에 틀어박히거나 자전거를 타기 위해 자연으로 떠난다. 어마어마한 학비가 들어가는 상류층 학교에서는 아이들을 가르칠 때 아이패드나 다른 전자기기를 쓰는 대신 칠판과 분필을 써서 가르친다. 스마트폰의 시대를 연 애플의 창립자 스티브 잡스 역시 정작 자기 자녀들에게는 우리에게 신나게 팔아치운 아이패드를 사용하지 못하게 했다.

그렇다면 이러한 문제들의 해결책은 무엇인가? 가정과 학교, 일터에서 디지털 기기의 유혹을 멀리하는 환경을 만드는 일일까? 물론 우리 스스로 무언가를 할 수도 있다. 스마트폰을 침대 옆에 두고 충전하지 않는다거나, 밤늦게 스마트 기기를 사용하지 않고 알림 기능을 꺼두는 일 등이다. 마침 스마트폰이 수면을 방해한다는 사실도 과학적으로 잘 증명되었으니 말이다. 가족과 함께 온갖 스크린의 유혹에 대해 깊이 생각해보고 필요하다면 사용 규칙을 만드는 것도 좋다. 하지만 이러한 개인적인 노력 이외에도 우리는 사회적인 차원에서도 무언가를 해야 한다.

교육기관에서 디지털화에 무조건 의존하는 태도를 바로잡는 일도 굉장히 시급하다. 요즘 학교에는 모든 교육이 태블릿 PC와 노트북 컴퓨터를 통해 이루어져야 한다고 믿는 듯하다. 그러나 상당히 많은 연구 결과에 따르면 스크린 대신 종이책으로 배우는 일에는 분명한 장점이 있다. 스크린으로 보는 것보다 자세히 읽고 집중하는 데 좋은 것이다.[16]

물론 그냥 자리에 앉은 채 놀라운 통제력을 발휘해 눈앞의 '마시멜로'를 먹지 않으려고 애쓸 수도 있다. 하지만 우리가 쉴 새 없는 유혹의 문화 속에서 사는 한, 그런 개인적인 노력은 대부분 실패하기 마련이다. 우리는 지금과는 전혀 다른 문화를 가꾸어야 한다. 그것이 바로 앞으로 이 책에서 계속해서 다룰 주제다.

원칙 2

진짜 원하는 것 하나만 바라기

더 많이 경험하지 않아도 되는 실존적 이유

     ◆
     ◆
     ◆

    1989년 4월 나는 할머니에게 견신례(기독교에서 신앙

을 확인하는 의식으로 아이에서 어른이 되었다는 성인식의 의미가 있다-옮

긴이) 선물로 덴마크 시인 피트 헤인의 시를 받았다. 그는

수학자이자 디자이너, 발명가였지만 20권이 넘는 『그룩

gruk』 선집을 쓴 시인으로 가장 잘 알려져 있다. 그룩은 그

가 주로 영어로 쓴 짧은 시들을 말한다. 할머니는 초록

색 종이에 시를 타이핑해서 헤인에게 우편으로 보내 직

접 사인까지 받았다. 당시의 나는 할머니께 받은 시의 의

미를 잘 이해하지 못했지만, 시 구절은 여러 해 동안 마

음에 남아 점점 더 큰 울림을 만들었다. 그 뒤 나는 온갖
다양한 시를 읽고 즐기는 법을 배웠다. 물론 헤인의 시
를 가볍고 시시하다고 여기는 사람이 많다는 것도 잘 안
다. 하지만 내가 선물 받은 그 시는 단순하긴 해도, 아니,
어쩌면 단순하기 때문에 아주 훌륭하다. 그 시의 제목은
「다 바라지 말아야 한다」이다.

다 바라지 말아야 한다.
너는 그저 한 부분일 뿐.
너는 세상 속 한 세상만을 소유한다.
'그 세상'을 온전하게 만들어야 한다.
단 하나의 길을 선택하라.
그리고 그 길과 하나가 되어라.
다른 길들은 기다려야 한다.
우리는 늘 돌아온다.
문제로부터 숨지 마라.
바로 지금 여기에서 그 문제에 맞서라.
유한함이야말로

세상을 가치 있게 만드는 것이다.

네가 존재하고, 행동하고, 겪어야 하는 것은

바로 '지금'이다.

그게 유한함이다.

우리는 절대 돌아오지 않는다.[1]

한계가 있을 때 가치 있는 것들

. . .

이 짧은 시에 담긴 메시지는 철학에 관심 있는 심리학자인 내게 큰 영향을 미쳤다. 특히 유한함이야말로 세상을 가치 있게 만드는 것이라는 생각이 그랬다.[2] 또한, 우리는 그저 세상의 한 부분일 뿐으로, 우리가 가진 작은 세상을 온전하게 만들려면 '단 하나의 길'을 선택해야 한다는 메시지에도 크게 영감을 받았다. 욕심을 부려 전부 다 가지길 원할수록 삶은 장황해지고 너저분해질 뿐이다. 당연히 온전한 삶과는 거리가 멀어진다.

비슷한 맥락에서 신학자이자 철학자인 로이스트루

프는 『윤리적 요구』에서 우리가 가지고 있는 '형성의지'에 대해 언급했다. 형성의지란 우리가 삶에 의미 있는 형태를 부여함으로써 보다 온전하게 만들고자 하는 것을 말한다. 그는 이 의지를 우리 삶의 기본 조건으로 보았다. "인간이라면 누구나 갖고 태어난 것, 우리가 흔히 예술이라 부르는 것과 아예 관계없는 사람일지라도 갖고 태어난 것이다."[3]

우리의 삶에 형태를 부여하는 일에는 실존적인 기술이 필요하다. 우리가 선택한 일에만 마음을 쓰고, 다른 중요하지 않은 일은 기꺼이 내려놓을 수 있을 때에만 가능한 것이다. 논리적으로 생각해보자. 우리 삶이 하나의 형태를 띤다면, 동시에 완전히 다른 형태가 될 수 없다는 건 너무나도 당연하다. 정신적인 질환을 앓지 않는 한, 우리가 여러 가지 다른 인격을 동시에 가지고 살아갈 수 없는 것처럼 말이다.

로이스트루프는 각자의 삶뿐만이 아니라 사람들이 함께 살아가는 데도 이런 원칙이 적용된다고 보았다. 그는 우리가 사회의 규칙과 관습에서 벗어나려고 할 때 종종 '무정형의 폭압'을 겪는다고 말한다. 예를 들어, 관습이라든가 예의범절 같은 것들이 우리의 자유를 억누른다고 여겨질 때가 있다. 왜 그냥 마음 내키는 대로 '진실'하게 행동하면 안 되는 걸까? 답은 간단하다. 그런 관습을 깡그리 없앤다고 우리가 반드시 자유로워지는 건 아니기 때문이다.

물론 어떤 관습은 없애는 편이 훨씬 더 나은 경우도 있다. 이를테면 흑인이나 여성을 억압하고 차별하는 나쁜 제도와 관습 같은 것 말이다. 하지만 정반대의 경우도 있다. 사회학자 리처드 세넷이 지적한 것처럼, 오히려 관습을 없앴을 때 개인의 자유가 사라지고 사회적 강자가 더 많은 특권을 독차지하기도 한다.[4] 관습이라는 외형은 우리에게 틀을 준다. 그리고 우리는 그 틀 속에서 다른 사람들과 어울리며 자유롭게 자기 자신을 표현할 수 있다. 순전히 개인적인 차원에서도 무언가를 계속 중요하게 여기려면 삶의 실존적 형식이 꼭 필요하다. 사랑엔 의무가 따르고, 스포츠 경기엔 규칙이 필수적인 것처럼 말이다.

키르케고르는 『다양한 영혼이 말하는 교훈적 담론』에서 이렇게 말한다. "마음의 순결함은 단 한 가지만 바라는 것이다." 그리고 서둘러 이렇게 덧붙였다. "그럴 수 있으려면, 그러니까 사람이 한 가지만 바랄 수 있으려면 그는 오직 선을 바라야만 한다."[5]

그런데 이 구절은 얼핏 들으면 고개를 갸우뚱하게 된다. 단 한 가지만을 바라는 포악한 독재자나 근시안적인 이상주의자를 상상해보자. 그들이 원하는 한 가지는 절대 선하지도 않을뿐더러 오히려 다른 사람들에게 해롭지 않은가? 그러나 키르케고르는 한 가지란 바로 선일 수밖에 없다고 주장한다. "선이 아닌 하나를 바라는 사람은 진실로 그 하나만 바라는 것이 아니다. 그는 하나만을 바란다는 망상 속에서 자신을 기만하고 있다. 왜냐하면 내면 깊숙한 곳에서 그의 마음은 둘로 나뉜 상태이며, 나뉠 수밖에 없기 때문이다."[6]

분명 요즘 우리가 생각하는 하나와 키르케고르가 생각하는 하나는 의미가 크게 다르다. 만약 누군가가 복수하는 일에 미친 듯이 집착해 자기 삶을 통째로 바친다면 어떨까? 겉으로는 그가 오직 단 하나만 간절히 원하는 것처럼 보일 것이다. 그러나 겉보기에만 그럴 뿐이다. 왜 냐하면 목표가 그 자체로 선하지 않기 때문이다. 알고 보 니 복수하려는 대상이 무고하고, 자신이 그를 오해한 거 라면 어떻겠는가? 복수를 마음먹었던 사람은 이내 자신 의 욕망이 정당한지 의문을 품게 될 것이다. 키르케고르 가 둘로 갈라진 마음이라 표현한 것처럼, 간절했던 마음 은 곧바로 둘로 갈라지게 된다. 엄밀히 말해 우리는 추구 하는 것이 선할 때만 계속해서 그 한 가지만 바랄 수 있 다. 오직 선만 그 자체로 완전하며 어떤 경우에도 갈라질 수 없기 때문이다.

이익이 되거나 보상을 받기 위한 선한 행위는 본질 적으로 한 가지만 바라는 게 아니다. 키르케고르는 이런 비유를 들어 설명했다. "한 남자가 한 여자를 돈 때문에 사랑한다면 그것을 사랑이라고, 그 둘을 연인이라고 부 를 수 있는가? 그는 여자가 아니라 돈을 사랑하는 것이 다."[7] 그러므로 단 한 가지만 원한다는 것은 보상을 바라 거나 처벌이 두렵기 때문이 아니라, 그것이 그 자체로 선하기 때문이다.

우리가 실존적 관점에서
원해야 할 단 한 가지

● ● ●

키르케고르는 종교 사상가이기에, 선 또는 순결한 마음을 보증하는 존재가 신이라고 말한다. "선은 그 자체로 보상이다. 맞다. 그것은 언제나 틀림없는 말이다. 그만큼 확실한 것이 없다. 신이 있다는 사실만큼이나 확실하다. 왜냐하면 선한 일을 추구하는 것이 그 자체로 보상이라는 말과 신이 존재한다는 말은 결국 같은 말이기 때문이다."[8]

여기서 키르케고르는 선한 일을 하는 것이 그 자체로 보상이자 목적이라는 생각과 신이 존재한다는 사실을 서로 연결한다. 우리는 그가 말하는 신의 개념에 동의할 수도, 하지 않을 수도 있다. 한 가지 분명한 건 키르케고르가 우리 사회에 점점 널리 퍼지는 도구화 현상을 날카

롭게 비판한 것만은 틀림없다는 점이다.[9]

키르케고르에 따르면 우리가 다른 이익이나 보상을 바란다면, 엄밀히 말해 단 한 가지만 원할 수 없다. 마음이 둘로 갈라질 수밖에 없기 때문이다. 개인의 동기나 취향은 복잡하고 변하기 쉽다. 오직 선만이 변하지 않으며, 그러기에 단 하나일 수 있다. 따라서 마음의 순결함을 위해서는 선 그 자체를 위해 선을 행하는 법을 배우는 것이 필요하다. 키르케고르에 따르면, 선 그 자체를 위해 선을 행할 때 우리는 의무의 굴레에 매이는 게 아니라 오히려 자유롭게 된다. "그것은 무척 다르다. 진심으로 선을 행하려는 사람, 그 사람이야말로 진정 자유롭다. 그는 선을 통해 자유로워진다. 그러나 처벌이 두렵다는 이유만으로 선을 행하려는 사람은 선을 진실로 바라는 게 아니므로 선의 노예가 될 뿐이다."[10]

내가 아는 한, 단 한 가지만 바라는 것이 마음의 순결함이라는 생각은 경험이나 심리학적 관찰에서 나온 메시지가 아니다. 현실에서는 그다지 문제가 없다고 할 만한 욕망이나 충동도 굉장히 다양한 동기와 이유로 이루어져

있다. 우리는 그것을 속속들이 다 이해할 수 없다. 키르
케고르의 말은 이상적인 삶의 근본 조건들을 이야기하는
실존적인 진술이다. 그래서 그는 선이 존재한다고 주장
했다.

　우리가 가진 동기가 어느 정도까지 선의 영향을 받
을 수 있는지는 또 다른 문제고, 심리학을 통해 이해할
만한 문제다. 그러나 우리 삶에서 선이 근본적으로 중요
하다는 것을 보여주는 많은 증언이 있다. 신학자 헬무
트 골비처 등이 엮은 『죽음으로 우리는 산다』라는 책에
는 제2차 세계대전 당시 나치에게 사형을 선고받은 사람
들이 사랑하는 이들에게 남긴 가슴 아픈 편지가 담겨 있
다.[11] 그중 한 편지에서 앞날이 창창한 한 독일 청년은 나
치 친위대에 들어가느니 차라리 죽음을 선택하겠다는 결
심을 부모에게 전한다. 나치 전체주의 체제에서 친위대
에 입대하라는 명령에 저항한 대가는 사형이다. 대부분
의 사람은 아마 목숨을 구하기 위해 명령에 따를 것이다.
하지만 이 책에서 우리는 자신이 선이라 인식하는 것에
서 결코 물러서지 못하는 사람, 고결함을 희생하느니 차

라리 남은 생을 놓아버리겠다는 사람을 만나게 된다. 분명 우리가 본받을 만한 영웅적인 인간의 모습이다.

천만다행으로 우리가 이러한 극단적인 선택을 내려야 하는 경우는 몹시 드물다. 하지만 그토록 극단적인 상황에서도 마음의 순결함을 지켜내는 사람들이 있다는 사실은 매우 숭고한 일이면서, 동시에 심리학적으로도 흥미롭다. 종교개혁가 마르틴 루터가 1521년 4월 16일에 보여주었던 모습을 떠올리게도 한다. 당시 가톨릭교회의 부정부패와 면죄부 판매를 비판한 죄로 기소된 루터는 이런 말을 남겼다. "이곳에서 저는 다르게 행동할 수 없습니다."

나치에 저항한 젊은 독일인과 루터, 두 사람은 모두 자신이 계속 자신답게 살기 위해서는 그 자리에서 물러서지 않고, 목숨을 잃을지언정 흔들림 없이 단단히 서 있을 수밖에 없다고 생각했다. 우리는 이런 상황에서 단단히 딛고 설 가치가 있는 선이라는 것이 과연 무엇인지 물어보지 않을 수 없다. 앞에서 말했다시피 사람들은 자신이 단 하나만 바란다고 믿지만, 바로 그 하나가 사실 가치 없는 것일 때도 많기 때문이다. 키르케고르의 표현을 빌리면 마음이 둘로 갈라진 것이다.

나는 이 문제를 풀기 위해 『철학이 필요한 순간』에서 선이란 본질적으로 가치가 있는 것, 다른 것이 아니라 그 자체를 위해 추구해야 하는 것이라 주장했다. 여기서 가장 중요한 점을 짚자면, 실존적 관점에서 한 가지만 바라려면 다른 것들은 기꺼이 포기하고 내려놓는, 절제의 기술을 배워야 한다는 것이다.

무언가에 마음을 쓰는 일

• • • •

앞에서도 말했듯 시인 피트 헤인은 우리가 모든 것을 원해서는 안 된다고 했다. 요즘 흔히 들을 수 있는 말과는 정반대라 할 수 있다. 극단적인 예로 유명한 미국의 인생 코치 토니 로빈스를 들 수 있다. 로빈스가 동기부여를 위해 외치는 구호는 언제 들어도 흥미롭다. 그에게 성공이란 "당신이 원하는 것을, 원하는 장소에서, 원하는 사람과 함께, 원하는 만큼 하는 것"이다.[12] 얼핏 들으면 마음의 순결함을 지키라는 말과 비슷하게 들릴지 모른다. 삶에서 무언가를 원하는 게 중요하다고 말한다는 점에서 말이다. 하지만 그 안에 담긴 뜻은 정반대다. 왜냐하면 로빈스가 말하는 성공은 형태도 한계도 끝도 없기 때문이다.

그는 당신이 원하는 만큼 하는 것이라고 말한다. 그러나 우리가 원하는 것이 선하지 않다면 어쩔 것인가? 원할 만한 가치가 없다면? 그래도 그게 무엇이든 상관없이 이루면 성공한 인생인가? 이런 세계관에서 우리는 좀 더 좋은 것을 놓치진 않을까 조바심내며 이 일에서 저 일로 계속 허둥지둥 옮겨 다녀야 한다. 한 가지만 바라는 것이 반드시 선과 연결되어야 한다는 키르케고르의 주장은 무척 적절하다. 만약 우리에게 윤리라는 틀이 없다면 인간의 의지는 그때그때 치솟거나 스쳐가는 욕망과 취향에 휘둘리며 종잡을 수 없게 될 것이다.

재치 있는 철학 에세이 『개소리에 대하여』로 잘 알려진 철학자 해리 프랭크퍼트는 현대 철학에서 대단히 중요한 위치에 있는 「우리가 무엇에 마음 쓰는가의 중요성」이라는 글을 썼다.[13] 여기서 그는 '무엇을 생각해야 하는가?' 같은 인식론적 문제나 '어떻게 행동해야 하는가?'와 같은 도덕적 문제보다는, 우리가 살아가면서 '무엇에 마음을 써야 하는가?'라는 실존적 문제를 다룬 적 있다. 이 질문들은 우리에게 실존적으로 의미 있는 것이 무엇인지 묻는다.

프랭크퍼트는 '무엇에 마음을 써야 하는가?'라는 질문이 윤리와 연결된다고 보았다. 좁은 의미의 윤리를 일컫는 게 아니다. 사람들은 어떤 일이 옳은지 딱히 윤리적으로 고민하지 않아도 온갖 다양한 일에 마음을 쓴다. 덴마크 의사인 리세 고르스멘이 언급한 사례를 보면 잘 알 수 있다. 고르스멘은 만성 통증으로 입원한 노인에게 어떤 고민이 있는지 물었다. 놀랍게도 그의 가장 큰 걱정은 자기 병이 아니었다. 바로 자신이 입원하기 전, 정원의 장미를 가지치기해주지 못했다는 사실이었다.[14]

아마 정원에서 장미를 키우지 않는 사람도 그의 마음을 이해할 것이다. 정원에 자라나는 장미에 마음을 쓰는 일이 딱히 윤리적이거나 도덕적인 건 아니다.[15] 다만 그 일에 시간과 노력을 쏟는 사람에게는 무척 의미 있을 뿐이다. 프랭크퍼트는 이처럼 우리가 살아가면서 마음 쓰는 일들이 있다는 사실에 철학자들이 좀 더 관심을 쏟아야 한다고 말한다. 우리는 단지 마음을 쓰는 데서 멈추지 않고 그 대상과 동질감마저 느낀다. 그래서 그것에 무슨 일이 생기면, 이를테면 키우던 장미가 죽는다면 우리의 삶은 크게 상처받는다.

프랭크퍼트는 이처럼 무언가에 마음 쓰는 일이 무언가를 욕망하고 욕심부리는 일과는 다르다고 말한다. 우리는 무언가를 강렬하게 욕망하다가도, 잠시 뒤엔 식어버리거나 곧잘 잊어버리기도 한다. 그러나 무언가에 마음 쓰는 일은 그럴 수 없다. 마음을 쓰는 일에는 오랜 시간이 필요하다. 그 일이 우리가 살아가는 방식이 되고, 우리라는 사람의 일부가 될 때 가능하다. 키르케고르의 표현을 빌리면 마음이 순결해야 할 수 있는 일이다. 프랭크퍼트는 또한, 우리가 마음 쓰는 것들이 대개 우리 뜻대로 할 수 없는 것들임을 강조한다. 우리는 최선을 다한다. 장미에 물을 주고 가지를 쳐주고 거름을 준다. 그런데도 성공을 장담하지 못한다. 장미가 활짝 피어날지 말지는 우리 마음대로 할 수 있는 일이 아니다. 누군가를 사랑하는 일 역시 마찬가지다. 따라서 무언가에 마음을 쓰는 일에는 필연적으로 뜻하지 않게 실망하거나 깊은 슬픔을 겪을 위험이 따른다. 흔히 하는 말처럼 그것이 바로 사랑의 대가다.

한편 이렇게 실망이나 슬픔을 겪을 위험을 무릅쓰면서 무언가에 마음을 쓰는 일, 세상일이 우리 뜻대로 되지 않을 수도 있다는 사실을 받아들이는 일에는 해방적인 면도 있다. 프랭크퍼트도 지적했듯이 이 세상에는, 우리 뜻대로 되지 않는 일이 있음을 받아들이는 자세는 도덕이나 종교가 우리에게 거듭해서 가르치는 교훈이다. 프랭크퍼트에 따르면 우리는 이성과 사랑의 힘으로 "우리 자신에게서 탈출"할 때야 비로소 최선의 인간이 될 수 있다.[16]

이성은 인간이라면 누구나 가지고 있다는 점에서 사적이고 주관적인 것을 용납하지 않는다. 따라서 우리는 이성을 발휘할 때 주관성과 자기중심주의라는 감옥에서 스스로 해방될 수 있다. 개인적인 동시에 관계적인 감정인 사랑에 마음을 열었을 때도 이와 마찬가지로 주관성과 자기중심주의의 감옥에서 해방될 수 있다. 마음을 쓸 능력이 있을 때, 우리는 다른 무언가에 우리 자신을 내맡길 수 있다. 이를테면 사랑하는 사람을 받아들이거나 더 옳은 주장에 수긍할 수 있다. 그렇게 할 때 우리는 우리 삶의 틀을 다시 만들고, 마음과 행동을 고결하게 유지할 수 있다.

하지만 이렇게 무언가에 간절히 마음 쓰는 일에는 늘 실망과 패배를 경험할 위험이 도사리고 있다. 상대의 주장보다 내 주장이 설득력 없다는 게 드러날 수도 있고, 사랑하는 사람이 나를 떠날지도 모른다. 이런 상황에서 우리는 논쟁에서 이기는 일보다는 진실을 더 중요하게 여겨야 한다. 내 사랑을 상대가 알아주지 않을지도 모른다는 진실 말이다.

마음의 순결함은 단 한 가지만 바라는 것이다. 무언가 이익이나 보답을 얻기 위해서가 아니라, 우리가 마음 쓰는 것이 그 자체로 가치 있기에 바라는 것이다. 그렇게 우리가 그 자체로 가치 있는 무언가를 바랄 때, 그 대상은 그 자체로 온전한 한 가지가 된다.

검토되지 않은 삶은 살 가치가 없다

● ● ●

그런데 한 가지만 바라는 마음이 우리 삶에서 중요하다는 키르케고르의 생각에는 큰 위험이 따른다. 오직 한 가지만 바라는 것은 어쩌면 대부분 실패할 수밖에 없는 일이라고 해도 지나치지 않기 때문이다. 인간은 언제든 실수를 저지를 수 있는 존재이고, 앞에서 언급한 나치에 맞선 젊은 독일인처럼 순결한 마음을 온전히 지켜내는 일은 무척이나 어렵다. 그러므로 한 가지만 바라는 일에는 늘 실망과 좌절의 위험이 뒤따른다. 한 가지만 바라는 길의 어디쯤에선가 우리는 실패를 경험할 가능성이 크다.

하지만 그런 마음에는 기꺼이 위험을 무릅쓸 가치가

있다. 덴마크의 경우, 결혼하는 커플의 반 이상이 결국엔 이혼한다. 연인들은 이런 '객관적'인 사실을 잘 알면서도 결혼한다. 평생 사랑하겠다는 서약을 할 때 우리는 이런 위험을 기꺼이 감수하는 것이다. 배우자는 언제든 다른 이와 사랑에 빠져서 우리 곁을 떠날 수도 있고, 나 역시 언젠가 마음이 변할 수 있기 때문이다. 그 누구도 그럴 위험이 전혀 없다고 장담할 순 없다.

하지만 만에 하나 그렇게 된다고 해서, 서로 사랑했던 그 모든 세월이 부질없어지는 걸까? 만약 배우자에게 배신을 당했다면, 우리는 그와의 결혼 생활 내내 속기만 한 걸까? 키르케고르라면 우리를 위로하며 그렇지 않다고 말할 것이다. 관계에서 진정 선을 바랐다면, 대상이 사라진다고 해도 그 선의 가치는 여전히 유효하다. 비록 실망하고 좌절했을지라도 말이다. 그동안 우리에게 다가왔던 온갖 유혹과 또 다른 사랑의 기회들을 스스로 과감히 포기함으로써 우리는 자신을 상처에 노출했다. 동시에 그렇게 함으로써 그 사랑을 유일하고 가치 있는 것으로 만들었다.

만약 다른 선택을 했다면 어떨까? 가능한 한 많은 유혹에 넘어가, 스스로 구속하지 않고 방탕하게 산다면? 우리 마음속에서 사랑의 가치는 떨어지고, 결국 그 무엇에도 특별히 마음을 쓰지 못하는 사람이 되고 말 것이다. 키르케고르에 따르면 이런 삶은 일종의 '심미적 절망' 상태로 이어진다. 키르케고르는 더 많은 흥미와 쾌락을 경험하는 것을 목적으로 삼는 심미적 삶의 형식은 절망으로 이어질 수밖에 없다고 했다. 이때 삶이란 그저 즐거운 경험만 찾아다니는 긴 여정으로 전락하고, 단 한 가지가 아니라 모든 것을 시도하기에 특별한 틀이 없는 삶을 살게 된다. 앞에서도 살펴보았듯, 아무런 틀이 없는 삶은 결코 자유롭고 행복한 삶이 아니다. 우리가 의미 있게 여기는 가치들인 사랑, 우정, 성취감 등에는 모두 일정한 틀이 있고, 우리는 그 틀 속에서 행복할 수 있기 때문이다. 따라서 아무런 틀도 갖지 못하고 계속해서 눈앞의 욕망만 좇게 된다면, 결국은 불행해질 수밖에 없다.

또 다른 선택지도 하나 있다. 소망 자체를 완전히 없애는 것이다. 무언가를 소망하면 실망할 위험도 따르기에 되도록 적게, 거의 바라지 않는 것이다. 하지만 이런 금욕적인 삶은 아마 인간이 살 수 있는 가장 재미없는 삶의 형태일 것이다. 끝없이 흥미로운 경험을 찾아다니는 사람들은 적어도 순간의 쾌락은 누릴 수 있다. 반면 우울증의 가장 중요한 특징은 '무쾌감증'이라 부르는 것인데, 그 증상 가운데 하나가 욕망이 없다는 것이다. 물론 욕망을 제거하고도 그다지 많은 부작용을 겪지 않는 금욕주의자들도 소수 있다. 하지만 우리 같은 평범한 사람들은 어쨌든 삶에 동기를 주는 욕망이 없다면 몸도 마음도 극도로 약해지고 말 것이다. 대부분의 사람에게는 원하는 것을 성취하지 못해서 생기는 실망보다 욕망의 결핍이 더 나쁠 수 있다. 바로 이러한 이유에서 옳은 것을 이루려 욕망하는 일이 더더욱 중요해진다.

오늘날 우리가 인간을 이해할 때 가장 중요하게 여기는 측면이 '내면'이다. 우리가 진정 갈망하는 일은 반드시 우리 내면에서 나와야 한다고 생각한다. 행복한 삶이란 내면의 잠재력을 완전히 실현하는 일이라고 여기는 것이다.

심리학자 애덤 필립스도 요즘 우리가 이런 잠재력 신화에 시달리고 있음을 지적했다.[17] 플라톤이 『소크라테스의 변론』에 기록한 내용을 보면 소크라테스는 사형을 선고받고 나서 이렇게 말한다. "지금껏 저는 제 삶과 다른 사람들의 삶을 탐구하면서 고결한 사람이 된다는 의미에 대해 여러 의견을 늘어놓았습니다. 이렇게 온갖 문제들을 토론하면서 매일을 보내는 것만큼 인간에게 더 좋은 일이 없다고 말한다면, 여러분은 저를 지금보다 훨씬 더 신뢰하지 않겠지요. 하지만 그런데도 저는 이렇게 말하겠습니다. 우리 삶은 비판적으로 검토될 때만 살 가치가 있습니다."

우리가 하지 않기로 선택한 것이
지금의 우리를 만들었다

● ● ●

이처럼 소크라테스는 철저히 검토되지 않은 삶은 살 가치가 없다고 믿었다. 소크라테스가 말하는 검토된 삶이란 요즘 우리가 강조하는 것처럼 자기 내면에 몰두하면서, 자신이 실현해야 할 것이 무엇인지 찾으려 애쓰는 삶이 아니다. 오히려 소크라테스는 고결함을 구성하는 요소가 무엇인지, 어떻게 해야 그런 사람이 될 수 있는지를 사람들이 서로 토론하기를 바랐다. 고대 그리스에서 철학은 개인의 성장을 위한 도구, 곧 우리 내면의 '진정한 자아'를 실현하는 도구가 아니었다. 오히려 다른 사람과 함께 정의와 아름다움, 선에 대해 고민하고 토론하고 이야기를 나누는 문제였다. 달리 말해 가능한 한 가장 선한 인간이 되는 법을 고민하는 것이다. 애덤 필립스는 이러한 소크라테스의 통찰을 새롭게 비틀어서, 우리는 우리가 살지 않은 삶을 검토할 가치가 있다고도 주장한다. 이게 대체 무슨 말일까?

살지 않은 삶이란 우리가 상상과 예술, 꿈에서 사는 삶을 말한다. 필립스는 우리가 살지 않은 삶이 실제 살아가는 삶보다 중요할 때가 있다고 생각한다. 무책임한 현실도피를 옹호하는 말이 아니다. 그와 반대로 우리를 지금 모습으로 만든 것은 바로 우리가 하지 않기로, 기꺼이 놓아버리기로 선택한 것들이라는 말이다. 실존주의자들은 한 개인이 누구인지는 그가 하는 행동이 말해준다고 주장한다. 틀린 말은 아니다. 그러나 그에 못지않게 우리는 우리가 '하지 않는' 것에도 달려 있음을 생각해야 한다. 우리가 하는 것만이 아니라, 기꺼이 놓아버리는 것들 역시 우리라는 사람을 만든다. 무언가를 기꺼이 내려놓을 때, 비로소 삶은 틀을 얻는다. 로이스트루프가 중요하게 여겼던 바로 그 틀 말이다.

그러나 필립스가 환자들을 관찰하며 알게 된 사실처럼, 오늘날 우리는 무언가를 내려놓는 게 굉장히 힘들게 되었다. "영생을 얻을 수 있다는 약속, 신으로부터 선택될 수 있다는 약속이 있던 자리에 이제 더 많은 삶을 누릴 수 있다는 약속, 다시 말해 우리가 삶에서 더 많은 것을 얻으리라는 약속이 들어섰다. 그러자 삶을 살려는 욕망만이 삶을 정당화할 수 있게 됐고, 살지 않은 삶은 유령처럼 맴도는 존재가 되고 말았다."[18]

이번 생이 우리에게 한 번뿐인 유일한 삶이라고 생각하면, 자연스럽게 이 삶에서 가능한 한 많이 경험하는 일에 집착하고 매달리게 된다. 결국 눈앞에 있는 모든 것을 단 하나도 놓치지 않으려고 기를 쓰게 되는데, 이는 개인에게도 고통을 줄 뿐 아니라 궁극적으로 사회와 문화에도 해로운 영향을 미친다. 가만히 생각해보라. '더 많이, 더, 더!'를 외치는 끝없는 갈망을 도대체 어떻게 만족시킬 수 있겠는가?

그렇다면 우리는 어떻게 해야 폭주하는 자동차에 브레이크를 걸듯 그만하면 됐다고, 이제는 충분하다고 말할 수 있을까? 필립스는 사회학자이자 문화비평가인 필립 리프의 말을 인용하여 이렇게 말한다. 우리가 무엇을 피해야 하는지 알아야, 도덕과 문화 속에 깊숙이 숨겨진 비밀을 알 수 있다고 말이다. 하지만 오늘날의 주류 문화는 아무것도, 어떤 것도 피하지 않는 게 낫다고 여기는 듯하다.

얼마 전에 나는 흥미로운 라디오 방송을 하나 들었다. 괴짜 같은 젊은 사이버 중독자들이 나와 인터넷을 이용한 성생활에 대해 떠드는 프로그램이었다. 이처럼 새로운 성적 쾌락에 접근할 기회가 매우 많아졌다. 예컨대

로봇을 이용한다든가, 예전에는 상상할 수 없던 가상현실 포르노 같은 것도 이용할 수 있다. 라디오 출연자들은 모두 이런 새로운 기회들이 있으면, 가능한 한 많이 시도하는 것이 중요하다고 말한다. 왜 안 그러겠나? 새롭고 신나는 일을 거부하면 따분하고 보수적인 사람처럼 보일 테니 말이다.

나는 학창 시절 테크노음악 밴드 오버로즈의 인터뷰를 읽으며, 사람들이 늘 새로운 것에 매혹되는 현상에 흥미를 느꼈다. 인터뷰에서 그들은 오래된 좋은 것과 나쁜 새것 가운데 하나를 고른다면 나쁜 새것을 고르겠다고 했다. 왜냐하면 새것이니까! 이런 생각이 일반적이라는 말은 아니다. 사실 따지고 보면 얼마나 말도 안 되는 말인가? 하지만 우리가 무언가를 놓치고 뒤처지게 될지 모른다는 공포, 즉 포모는 우리가 인정하고 싶은 것 이상으로 이런 입장과 가깝다.

점점 더 많은 것을 바라게 된
인류의 역사

● ● ● ●

왜 우리는 가능한 한 많은 것을 경험하길 원하는 걸까? 그 모든 경험에서 무엇을 얻으려는 걸까? 무언가를 제일 먼저 하거나 가장 많이 하는 사람이 상을 받는 것도 아니다. 사실 우리 모두의 결승선은 같다. 바로 죽음이다. 살면서 모든 것을 다 해봐야 한다는 유혹은 만족할 줄 모르고 끝없이 '더 많은 것'을 원해야 한다는 생각에서 나온다. 이는 현대 자본주의 문화의 본질적 요소이기도 하다. 이런 생각에 '저스트 두 잇!'이라고 말하는 철학과 죽기 전에 가능한 한 많은 일을 하라는 명령까지 더해지면 거의 종교처럼 된다.

하지만 역사적으로 살펴보면 이런 생각은 우리 본성의 본질적 요소가 아니다. 오히려 동양을 비롯해 대부분의 문화가 '계속 더 많이'가 아니라 자연의 순환과 균형을 토대로 지어졌다. 물론 최초의 의미 있는 역사적 전환은 오래전 농업의 등장과 함께 시작됐다. 문화^{culture}라는 말의 기원처럼, 농업의 등장으로 인간은 자연과 맺는 관계를 정교하게 다듬고 자연을 최대한 자신에게 유익하게 만들 수 있게 됐다.

인류에게 더욱 중요하고 광범위한 영향을 끼친 건 바로 두 번째 역사적 전환이다. 바로 산업혁명과 자본축적이라는 개념이다. 사회학자 막스 베버는 『프로테스탄트 윤리와 자본주의 정신』에서 이런 변화를 날카롭게 분석했다.[19] 베버에 따르면 프로테스탄트의 윤리에서 최고선은 사적인 욕망을 억제하고 신이 인간에게 내려준 소명인 노동에 계속 매진하는 것이다. 언뜻 금욕적으로 들리는 이 윤리는, 현실에서는 정반대의 결과로 이어진다. 욕망을 억제하면서 노동에만 계속 매진한 이들이 보람을 느끼는 것은 결국 갈수록 많은 돈을 모으는 일이 되기 때문이다. 이때 돈이라는 도구는 그 자체로 목적이 되어 개인의 행복을 희생하면서까지 필사적으로 모아야 할 대상이 되고 만다.

시간이 흘러 20세기가 되자, 이번에는 소비사회라는 새로운 자본주의가 등장했다. 의무나 필요에 토대를 둔 산업사회의 윤리는 소비사회의 쾌락 중심 윤리와 차츰 합쳐졌다. 이제는 자본의 축적뿐만 아니라 소비와 자아실현을 통한 자본의 '실현'이 그 자체로 목적이 되었다. 이제 법의 테두리 안에 있는 활동이라면, 누구든 원하는 건 무엇이든 누릴 권리를 가지게 된 것이다. 1969년, 세계를 휩쓴 반문화 운동의 영향을 받은 록밴드 롤링스톤스의 믹 재거는 이렇게 노래했다. "원하는 걸 늘 가질 수는 없어. 하지만 애쓴다면 가끔은 찾게 될지 몰라. 네게 필요한 걸 말이야. You can't always get what you want. But if you try sometimes, well you might find."

지금까지 우리는 원하는 것을 늘 가질 수는 없다는 말을 들었을 때 '그래, 그것도 좋지!'라고 대답해야 하는 실존적 이유를 들여다보았다. 인간의 욕망은 다양할 뿐 아니라 변덕스럽다. 오늘날과 같은 소비사회에서는 더욱더 그렇다. 소비사회에서 우리는 온갖 유혹과 부추김에 끊임없이 노출되며, 우리가 품은 모든 욕망은 문제없는 것이 된다. 의미 있는 욕망과 무의미한 욕망을 구분하기 어려워진 것이다. 그러다 보니 모든 걸 다 갖지 못해도 괜찮다고, 이미 가진 것에 만족하자고 주장하는 게 어려워졌다. 지속해서 무언가에, 진심으로 마음을 쓰는 일도 힘들어졌다.

마음의 순결함에 대한 키르케고르의 이야기는 오늘날 우리에게는 지나치게 고상하거나 다소 낯설게 들릴지도 모른다. 삶의 방향이나 일의 의미를 우리 내면에서 찾는 데 워낙 익숙하기 때문이다. 하지만 키르케고르의 이야기에 귀를 기울여보면 우리의 마음 너머엔 더 큰 세상이 있으며, 그 세상에서는 사적인 소망과 취향과는 관계없이 객관적으로 좋거나 나쁜 것이 있다는 진실을 깨닫게 된다.

또한, 이득이 되든 안 되든 관계없이, 선을 추구하는 일에는 그 자체로 해방적인 측면도 있다. 욕망을 최대한 실현하겠다는 야망은 우리를 자유롭게 만들지 못한다. 욕망의 노예로 전락할 위험이 있기 때문이다. 따라서 진정으로 자유로워지고 싶다면 불필요한 욕망을 절제하고, 기꺼이 내려놓을 줄 알아야 한다. 전부 붙들고 다 이루려고 애쓰느라 정작 중요한 게 뭔지도 모르게 되거나, 틀

없는 삶 속에서 욕망에 휘둘리고 이리저리 방황하며 사는 대신, 정말 가치 있고 중요한 단 한 가지에 마음을 쓸 줄 알아야 한다.

원칙 3

기뻐하고
감사하기

경제학이 알지 못하는 인간의 윤리적 가능성

지난 수천 년간 여러 철학자와 신학자가 윤리적, 도덕적 동물로서의 인간에 대해 연구해왔다.[1] 최근에는 인류학자와 사회학자, 심리학자, 경제학자도 합류해서 인간의 주요 특성 중 하나인 도덕적으로 (또는 비도덕적으로) 행동할 능력에 대해 탐구했다. 그중에서도 특히 경제학자의 관점이 주목할 만한데, 오늘날 우리 사회가 인간을 이해하는 방식에 그들이 가장 큰 영향력을 행사해왔기 때문이다.

경제학자는 인간을 '호모 에코노미쿠스(경제적 인간)'라고 생각한다. 인간은 대체로 경제적이고 합리적으로 사고하며, 따라서 자신의 이해관계에 따라 최대 이익을 얻기 위해 행동한다는 것이다. 달리 말하면, 경제학자는 세상 모든 이들을 비용편익분석의 전문가로 바라본다. 우리가 최소한의 노력을 들여 최대한의 것을 얻으려 한다는 것이다.

그런데 이런 관점에서 인간을 이해하면 윤리적 존재로서 인간을 이해할 여지가 없어진다. 적어도 윤리가 자기희생이나 무조건적인 관대함과 관련이 있다고, 다시 말해 딱히 별다른 이득이나 보상을 바라지 않고 베풀거나 희생할 줄 아는 모습과 연결된다고 본다면 더욱더 그렇다.

경제적 인간인가, 윤리적 인간인가

● ● ●

그런데 최근 몇십 년 사이에 다른 경제학자뿐 아니라 심리학자도 이런 기존의 경제학적 관점에 의문을 품기 시작했다. 이들은 많은 실험을 통해 우리가 현실에서 행동하는 방식이 '호모 에코노미쿠스'라는 경제학의 인간상과는 다르다는 사실이 증명된 것이다. 심리학자 대니얼 카너먼은 이 연구로 2002년에 노벨 경제학상을 받았다.[2]

'호모 에코노미쿠스'라는 경제적 인간관에 도전한 유명한 실험으로 '최후통첩 게임'이 있다. 그 게임의 규칙은 다음과 같다. 두 명의 피실험자 가운데 한 사람에게 100달러를 건네고 그 돈을 어떻게 나눌지 결정하라고 하는 것이다. 100달러를 혼자 차지해도 되고 다른 피실험자와 똑같이 나누어도 되며 서로 다른 비율로 나누어도 된다. 다른 피실험자는 상대가 제안한 금액을 수락할지 거부할지 결정한다. 수락하면 첫 번째 피실험자의 제안대로 돈을 나눠 갖지만, 거부할 경우 둘 다 돈을 받지 못한다.

경제학이 가정한 호모 에코노미쿠스의 행동 모형에 따르면 상대가 어떤 금액을 제안하든 수락하는 것이 합리적이다. 설령 자신이 1달러만 받고 상대가 99달러를 차지하더라도 아예 1달러조차 받지 못하는 것보다는 낫기 때문이다. 하지만 실제 실험 결과는 이런 가정과는 전혀 달랐다. 실험 결과에 따르면 개인적으로는 손해가 된다고 해도, 부당하다고 느껴지는 결정을 거부하는 경향이 강했다. 사람마다, 지역마다 조금씩 정도의 차이가 있긴 하지만, 이런 성향이 꽤 강력한 문화권도 있다. 특히 북유럽 국가들이 그렇다. 덴마크에서는 설령 자기에게 이득이 전혀 안 된다고 해도 부당하다고 생각되는(예컨대 제안자가 지나치게 많은 상금을 갖는 것) 결과를 주면, 비록 개인적으로는 손해를 보더라도 그 결과를 거부하는 사람이 많았다. 공정함에 대한 욕구나 이기적인 상대를 응징하려는 욕망이 '최대 이익을 얻으려는' 욕망보다 더 강력한 동기로 작용할 때가 있는 것이다.

최후통첩 게임에서 조금 변형된 형태로 '독재자 게임' 실험도 있다. 이 실험은 훨씬 단순한 형태로, 오직 제안하는 사람의 반응만 관찰한다. 이 실험에서는 제안하는 사람이 제왕적 권력을 휘둘러 금액을 나누면 상대는 어떤 제안이든 거절하지 못하고 그냥 받아들여야 한다.

한 푼도 못 받는다고 해도 어쩔 도리가 없다. 그러자 대부분 절반 정도를 제안받으면 괜찮다고 생각하는 듯했다. 경제학의 표준적인 인간상에 따르면 이 실험에서도 제안자(독재자)가 가능한 한 많이 차지하리라고 예측할 수 있다. 만약 100달러를 받았다면 혼자 다 갖고 상대에게는 한 푼도 주지 말아야 한다. 그게 가장 이득이니까 말이다. 하지만 현실은 예상과 좀 달랐다. 많은 참가자가 상대에게 금액의 일부를 나눠주었고, 그중에는 상당히 많이 나눠준 사례도 있었다.

막스 플랑크 공공재연구소의 소장 크리스토프 엥겔은 그동안 발표된 100편이 넘는 독재자 게임 연구 보고서를 자세히 살펴보았다. 그 결과 '독재자'는 평균적으로 상대에게 상금의 28퍼센트를 내주었다.[3] 이 실험의 참가자들은 서로 전혀 모르는 사이로, 신세를 진 일도 없으며, 실험이 끝나면 대부분 두 번 다시 볼 일이 없는 사이라는 것을 잊지 말자. 무려 67퍼센트에 달하는 사람들이 기꺼이 돈을 나누어 가졌고, 돈을 독차지한 사람은 33퍼센트 정도였다. 돈을 나눈 사람 중에서도 16퍼센트는 돈을 아예 똑같이 나눠 가졌으며, 심지어 5퍼센트는 상대에게 전부 주었다.

인간성에 대한 신뢰를 조금 회복시킬 만한 이런 실험 결과는 그동안 진지한 토론의 주제가 되었다. 실험 결과를 어떻게 해석할지에 대해서는 다양한 의견이 있지만, 사람들은 대체로 기존의 경제학이 가정했던 호모 에코노미쿠스보다 훨씬 너그러울 때가 많은 것 같다. 전혀 모르는 사람에게도 말이다. 언젠가 보답을 받으리라는 기대 없이도, 우리는 마음만 먹으면 독차지할 수 있는 것들을 기꺼이 내주기도 한다. 이와 같은 실험 결과를 보면 사람은 근본적으로 윤리적인 존재다.

우리는 매 순간 어떻게 해야 최대의 이익을 얻을지만 고민하는 계산적인 존재가 아니다. 우리에게는 이타심과 정의감이 있다. 그렇기 때문에 타인을 고려하며 그들과 기꺼이 나누려 한다. 독재자 게임 실험에서처럼 그 대상이 아예 낯선 사람이라 할지라도 말이다. 달리 말해, 우리는 이익과 상관없이, 무엇이 공정한 행동인지 올바르게 판단할 수 있다. 사실 당연한 말이다. 하지만 대니

얼 카너먼은 이 실험으로 세계적인 명성을 얻은 데다가 노벨상까지 받았다. 어떻게 그럴 수 있었을까? 앞서 말한 대로 오늘날 같은 현대사회의 토대를 이루는 경제학적 인간상과는 완전히 다른 윤리적인 인간상을 그려 보였기 때문이다. 경제적 인간관에 따르면 우리는 그저 더 많은 것을 원하며 자신에게 이득이 될 일만 하는 존재다. 이런 인간상과 달리 카너먼의 실험 결과는 우리가 윤리적 존재라는 것을 증명하며, 절제와 관대함이 여전히 윤리적으로 가치 있다고 여기는 이들에게 희망을 준다. 지금부터는 절제에 깃든 윤리적 가치에 대해 좀 더 자세히 살펴보겠다.

서로가 서로에게 빚진 존재

· · ·

최후통첩 게임이나 독재자 게임 같은 경제학 실험이 우리에게 주는 교훈은 무엇일까? 개인을 자기 이익이라는 동기에서만 움직이는, 굉장히 자기중심적인 존재로 여기는 생각이 너무 단순할 뿐 아니라 그릇됐다는 사실이다. 물론 우리가 자기중심적이고 이기적으로 행동하는 상황이 있긴 하다. 하지만 본래부터 그런 성향을 타고나진 않았다. 이기주의는 우리의 본성이 아니다. 오히려 사람들은 할 수만 있다면 타인에게 관대해지고 싶고 서로 협동하며 돕길 원한다.

오늘날 많은 심리학자는 우리가 애초부터 관계적 존재라고 주장한다. 다른 사람과 함께 살아가는 존재로 타고났다는 것이다. 유명한 발달심리학자 도널드 위니컷은 엄밀히 말해 '유아'는 없다는 급진적인 주장까지 했다.[4] 보호자와 관계를 맺지 않은 유아는 결코 한 사람의 인간으로서 혼자 존재할 수 없다는 뜻이다. 위니컷은 아동이란 개념이 추상적이라고 보았다. 그에게 발달심리학의 최소 단위는 아동이 아니라 아동과 보호자다. 아동은 관계적인 존재로 세상과 상호작용하며, 여러 사람과 관계를 맺고 살아간다. 시간이 흐르고 어느 정도 성장한 뒤에야 아이는 차츰차츰 자신을 개별 주체로 이해하면서 자기감정을 숨기는 법도 배우기 시작한다. 더 시간이 흐르면 실제로는 그렇게 느끼지 않으면서 특정한 감정을 느끼는 척하기도 한다.

위니컷 이후의 발달심리학은 아이들이 아주 어릴 때부터 보여주는 이러한 흥미로운 상호작용을 세심히 기록했다. 그 결과 사람은 세상 그리고 타인들과 맺는 관계에서 기본적으로 '외향적'이라는 것이 밝혀졌다. 그런데 서양 철학은 우리를 세상이나 타인과는 별도로 존재하는, 각자 폐쇄된 내면의 심적 공간을 가진 존재로 여겨왔다. 이러한 인간상은 그 밖의 다른 문화에서 인간 본성을 이해하는 관점과는 사뭇 다르다. 서양 철학의 기본 사고방식에 따르면, 우리 각자는 자립적인 인간으로서 각자 내면의 소망과 취향을 최대한 실현하려는 존재다. 어떤 수를 쓰더라도 말이다.

나는 『철학이 필요한 순간』에서 이런 태도가 일종의 '소극적 허무주의'라고 말한 바 있다. 소극적 허무주의란 세상에는 원래 별도의 의미와 가치가 없으므로, 그것을 우리의 '내면세계'에서 주관적으로 찾아야 한다는 생각이다.[5] 그러나 인간을 관계적 존재로 바라본다면 우리는 타인들이 없으면 아무것도 아닌 존재란 걸 알게 된다. 여기에서 타인이란 추상적인 타자가 아니라, 현실에서 관계를 맺고 공통의 역사와 문화를 함께 나누는 구체적인 개인들이다.

우리 삶을 구성하는 이런 관계망을 일컬어 로이스트 루프는 '상호의존성'이라 불렀다. 상호의존은 삶의 기본 조건으로 우리가 서로 의존하고 있는 상태를 말한다. 이러한 관계망이 제 역할을 하려면, 구성원 모두가 절제의 기술을 배워야 한다. 한 개인이 아무리 훌륭한 능력을 갖추고 있다고 해도, 모든 일을 마음대로 판단하고 결정할 수는 없다. 신중하게 굴고 타인의 말을 경청하는 태도를 배워야 하며 가끔은 뒤로 물러설 줄도 알아야 한다. 이렇게 써놓으니 조금은 케케묵은 생각처럼 보일 것 같기도 하다. 아마 오늘날 우리가 흔히 듣는 말과 워낙 다르기 때문일 것이다.

침묵과 복종과 기쁨

• • • •

오늘날 우리는 모두 적극적이고 공격적인 자세로 끊임없이 성장하려고 노력한다. 자기계발서를 읽고 관련 강좌를 들으면서 말이다. 앞에서도 언급했지만, 우리 시대가 말하는 일반적인 성공 공식은 '당신이 원하는 것을, 당신이 원할 때, 당신이 원하는 곳에서, 당신이 원하는 사람과, 당신이 원하는 만큼' 하는 것이다. 그런 이야기를 듣고 자란 이들에게 키르케고르가 백합과 새에 대한 이야기로 표현한 '성공 공식'(물론 키르케고르라면 쓰지 않았을 표현이지만)을 들려주면 훨씬 더 케케묵은 이야기로 여길지 모르겠다.[6] 키르케고르는 사람이 백합과 새들에게서 배울 만한 점이 무엇인지 묻고, 이렇게 답했다. "침묵, 복종, 기쁨!"

그의 대답은 무겁고 예스럽지만, 특유의 시적인 느낌도 있다. 키르케고르는 사람들에게 백합과 새를 스승으로 삼아 무엇보다 침묵을, 말을 삼가는 법을 배우라고 간청한다. 우리가 침묵의 기술을 배워야 하는 이유는 우리에게 말하는 능력이 있기 때문이다. 언어가 없다면 침묵을 배울 이유가 없다. 백합과 새는 말할 능력이 없으므로 그들에게 침묵은 특별한 기술이 아니지만, 우리는 그 기술을 배워야만 한다. 왜 그래야 할까? 침묵을 배울 때 비로소 타인의 말에 귀 기울이는 법을 배울 수 있기 때문이다!

키르케고르가 말하는 침묵은 우리더러 백합이나 새들처럼 말할 능력이 없는 생물이 되라고 하는 게 아니다. 다만 윤리적 관점에서 이런 생물들이 좋은 모범 사례가 된다는 것이다. 물론 사람은 백합이나 새보다 훨씬 복잡하고, 그래서 우리는 그들보다 더 심한 고통을 경험할 수 있다. 키르케고르는 "말하는 능력은 덕이기 때문에" 우리의 고통은 말하는 능력에서 나오는 게 아니라 "침묵하지 못하는 무능력"에서 나온다고 보았다.[7]

기독교 사상가였던 키르케고르는 침묵이 신에 대한 공경을 나타낸다고 믿었다. 물론 그의 생각은 신앙인의 관점에서 나오긴 했지만, 나는 그 통찰을 더 널리 적용할 수 있다고 생각한다. 그러니까 개인이 각자의 주관적 욕망을 채우는 대신, 타인이나 자연에 좀 더 귀 기울여야 한다는 통찰 말이다. 이는 노르웨이 작가 칼 오베 크나우스고르가 자신의 에세이 『봄』에서 다루었던 주제이기도 하다. 이 에세이에서 크나우스고르는 파티에서 자기 반 친구들과 함께 소시지를 먹고 있는 딸아이를 지켜보다가 갑자기 시적인 성찰로 빠져든다.

나는 내가 있던 자리에 그냥 있었다. 한 손은 주머니에 넣고 다른 한 손은 유모차 손잡이를 잡은 채로다. 케첩, 머스터드소스 통, 까맣게 탄 핫도그, 청량음료병이 줄지어 있는 캠핑 탁자의 하찮은 일상을, 별빛 아래 그곳에서는, 춤추는 모닥불 빛 속에서는 상상조차 할 수 없었다. 마치 내가 진부한 세상 속에 서서, 가만히 신비로운 세상을 들여다보는 것 같았다. 삶이 두 개의 평행 현실 사이의 경계지에 펼쳐지는 것 같았다.

우리는 멀리에서, 어마어마한 아름다움으로부터 온다. 눈을 처음 뜬 갓난아이는 별 같고 태양 같다. 하지만 우리는 사소함과 우둔함 속에서, 타버린 핫도그와 기우뚱

대는 캠핑 탁자의 세상에서 살아간다. 거대하고 어마어마한 아름다움은 우리를 버리지 않고, 늘 그곳에, 늘 똑같은 모든 것에 있다. 태양과 별에, 모닥불과 어둠에, 나무 아래 푸른 꽃들의 융단에. 그것은 우리에게 별로 쓸모가 없거나 너무 크지만, 우리는 그것을 볼 수 있고 그 앞에 고개를 숙일 수도 있다.[8]

좀 감상적이라고? 맞다. 하지만 우리가 창조하지 않은, 우리에게 아무 쓸모가 없음에도 침묵 속에서 바라보고 그 앞에 고개 숙일 수밖에 없는 세상이, 자연이, 하나의 온전한 전체가 있다는 사실을 달리 어떻게 표현할 수 있단 말인가? 키르케고르가 더 예스러운 표현을 써서 백합과 새의 이야기로 전하려던 메시지를 크나우스고르는 현대적인 목소리로 표현했다. 두 사람 다 우리가 말로 표현할 수 없는 어떤 것에 대해 말하고 있다. 그러니까 이 세상이 존재한다는 사실, 그 자체에서 느껴지는 경외감 같은 것 말이다. 이런 경외감에는 윤리적 차원도 있다.

키르케고르가 말한 복종도 마찬가지다. 그에게 복종

은 신에 대한 복종을 뜻하지만, 우리는 좀 더 일반적인 삶의 방식으로도 해석할 수 있다. 우리의 생각과 주장에 힘을 실어줄 '대안적 사실'이 물론 더 마음에 들 수도 있겠지만, 그런 것들로는 결코 바꿀 수 없는, 모두가 '복종'해야만 하는 사실이 있다는 것을 받아들이는 삶의 방식 말이다.

마지막으로 존재의 기쁨도 있다. 키르케고르가 존재의 기쁨에 대해 말하는 방식은 오늘날 긍정 심리학에서 말하는 '감사 연습'을 떠오르게 한다. "그대가 사람이라는 것을, 그대가 볼 수 있다는 것을, 그대가 들을 수 있다는 것을, 그대가 냄새 맡을 수 있다는 것을, 그대가 느낄 수 있다는 것을, 태양이 그대를 비춘다는 것을 … 그리고 그대를 위해서 태양이 지치면 달이 비추기 시작하고 별이 빛난다는 것을." 키르케고르는 우리가 기뻐해야 할 현상들을 쭉 늘어놓고 나서 이렇게 결론짓는다. "이게 기뻐할 일이 아니라면, 그렇다면 기뻐할 게 아무것도 없으리라."[9]

키르케고르, 그리고 크나우스고르가 자기 식대로 표

현한 바에 따르면, 침묵과 복종과 기쁨은 우리에게 윤리적 특성과 존엄을 부여하는 것들이며, 자기 절제를 토대로 삼는다. 기독교 사상가인 키르케고르만 그것의 중요성을 언급한 게 아니다. 시인이자 문화평론가, 급진적 사회주의자인 오토 겔스테드도 자신의 시집 『독백』에 실린 「시편」에서 이를 아름답게 표현했다. 이 시에서 시인에게 윤리적이며 실존적인 영감을 준 것은 나무들이었다.

> 자기 배꼽만 바라보는 것은
> 불쌍한 삶일 뿐.
> 자기 상처를 후비는 것은
> 나쁜 취미.
> 울타리의 나무들을 보라.
> 그들은 충분히 볼 만한 가치가 있다.
> 얼마나 높게, 당당하게, 조용하게
> 그들 모두 행동하는지.
>
> 밤의 궂은 날씨에 대비해

함께 모인 동물들처럼
나무들은 흔들린다.
태양의 저녁 광택 속에서
너무 믿을 만하고 안전한
그들의 나뭇잎을 걸치고
등에 털이 텁수룩한 동물들처럼.
먼지, 그렇다, 그들은 먼지로 이루어졌다![10]

진실은 시적이라고 말하는 사람들이 있다. 그들은 오늘날 많은 이들이 더이상 시를 가치 있는 것으로 여기지 않는 현실이 대단히 유감스러울 것이다. 그러한 입장에 동의하든 동의하지 않든, 논리적이거나 과학적인 산문보다는 시와 같은 미적 수단을 통해야만 드러나는 진실이 있다. 아마 키르케고르가 침묵과 복종, 기쁨이 필요하다고 말한, 겸손하고 절제된 삶의 윤리적, 실존적 가치를 표현하는 일도 그럴 것이다.

인색함과 관대함 사이, 비겁함과 무모함 사이

● ● ● ●

시간을 좀 더 거슬러 올라가면 아리스토텔레스 역시 절제의 윤리적 가치에 큰 관심을 가졌다. 그가 주장한 덕의 윤리는 『철학이 필요한 순간』에서 중요하게 다루었으므로 여기에서는 그의 사상만 간략히 소개하겠다.[11] 덕의 윤리는 근본적으로 사람 역시 우주의 다른 모든 존재처럼 그들의 존재 목적에 따라 이해되어야 한다는 생각을 바탕으로 한다. 사람은 관조적 지혜와 실천적 지혜를 둘 다 부여받은 유일한 생물이다. 따라서 사람은 세상에 대해 과학적, 철학적으로 성찰할 수 있을 뿐 아니라, 도덕적으로도 책임 있게 행동할 수 있다.

아리스토텔레스에 따르면 이러한 능력을 갖추고 행동하는 일에는 본질적인 가치가 있다. 이러한 인간의 본성을 가장 잘 활용한 삶, 그리스인들이 '에우다이모니아eudaimonia'라 부른 좋은 삶을 사는 데 꼭 필요한 품성을 덕이라 부른다. 여기서 덕은 물건이든 사람이든 타고난 목적을 실현할 수 있도록 해주는 것이다. 예를 들어 칼의 덕은 물건을 잘 자르는 것이다. 이 특성은 좋은 칼을 규정하는 분명한 기준이 된다. 하지만 사람의 덕은 훨씬 다양해서 칼의 덕처럼 간단하게 규정하는 것이 어렵다. 따라서 사람을 이해하려면 우리는 그가 좋은 삶을 살 수 있도록 도와주는 덕이 무엇인지 먼저 이해해야 한다. 우리가 '잘 자르기'라는 칼의 목적을 알아야 칼을 이해할 수 있는 것과 같다.

아리스토텔레스에 따르면 덕은 두 극단 사이에 있다. "덕은 두 악덕 사이의 중용이다"라는 문구로 종종 표현된다. 예를 들어 용기는 윤리적인 덕이다. 아리스토텔레스에 따르면 우리가 충만한 삶을 살기 위해서 필요한 용기는 비겁함과 오만함 사이 어디쯤 있다. 용기는 무모함과는 다르고 불안이나 걱정과도 완전히 다르다. 용기란 올바르게 행동하는 것이 두려울 때도 과감히 올바른 일을 실천하는 것이다. 비겁한 사람은 무언가를 해낼 용기가 없고, 오만한 사람은 온갖 분별없는 행동을 무모하게 저지른다. 덕의 윤리에서 보면 둘 다 결함이 있다. 다른 덕도 마찬가지다. 절제는 이러한 양극단 사이에서 지혜롭게 균형을 잡는 능력이므로 그 자체로 열쇠 역할을 하는 덕이다. 예컨대 선한 사람은 관대함이 선이란 걸 안다. 관대함은 분명 인색함보다는 낫지만 다른 사람에게 무엇이든 다 줘버리면 자신과 아이들이 먹을 것이 남지 않게 된다.

절제는 이러한 인색함과 한없는 관대함 사이에서, 비겁함과 무모함 사이에서 균형을 잡는 것이다. 절제를 뜻하는 그리스어 소프로시네는 다양한 말로 옮겨진다. 자제로 불리기도 하고 중용으로 불리기도 한다. 어찌 되었든 고대 사상가들의 사상에서 절제는 중요한 자리를 차지한다. 아리스토텔레스보다 더 오래전에 살았던 헤라클레이토스는 심지어 소프로시네가 모든 덕 중에 핵심이라고 주장했다. '모든 덕 가운데에 있는 덕'이라는 관점에서 보면 일리가 있다.

그러나 최근에는 절제의 윤리적 가치를 다룬 철학 연구나 과학 연구가 별로 없다. 아, 물론 예외는 있다. 바로 철학자 해리 클로의 『절제에 대하여』다. 이 책은 오늘날 우리 사회에서는 거의 인기가 없는 구식의 덕인 절제를 옹호하겠다는 목표를 분명히 밝힌다.[12] 그는 절제의 두 가지 측면에 관해 관심을 가진다. 하나는 유토피아를 꿈꾸는 위험한 모험이나 혁명을 꿈꾸지 않고 점진적으로 더 나은 사회를 만들려는 온건한 정치적 실천으로서 절제이고, 다른 하나는 윤리적 품성으로서 절제다.

먼저 첫 번째 관점의 절제에 대해 클로는 이렇게 강조한다. 절제가 단순히 산술적으로 양극단 사이의 균형을 잡는 것이 아니라고 말이다. 그는 절제하는 정치인을 이상적으로 본다. 이런 정치인은 "합의를 만들어가며 통합한다. 파벌을 넘어 동의를 구하고, 대립하거나 선동하지 않는 방식으로, 단결을 위한 방식으로 사람들에게 말을 한다."[13]

클로는 정치에서 절제하는 행위를 사려 깊은 과학 연구에 비유한다. 과학 연구는 초당파적 방식으로 복잡한 문제에 접근하며, 상충하는 다양한 관점을 하나로 이해하는 데 시간을 보낸다. 여기서 현명한 판단을 내리려면 우리는 특정한 관점을 들이대고 고수하는 대신 상대의 말에(때로는 그것이 비판일지라도) 귀 기울여야 한다. 그게 바로 키르케고르가 말하는 침묵의 의미다. 정치에서나 윤리, 법, 과학에서나 모두 마찬가지다. 그래야 합리적 결론에 도달할 수 있다.

하지만 현대 정치에서는 이런 이상적인 모습을 보기가 힘들다. 오히려 박력과 힘을 과시하기 위한 성마르고 겉만 번드르르한 발언들이 정치 담론을 지배한다. 때로는 트위터로 말이다! 대부분의 사람은 정치 토론을 할 때 자신의 관점을 전혀 의심하려 하지 않는다. 하지만 클로의 말처럼 정치가 다양한 생각과 이해관계 사이에서 균형을 잡는 일이라면, 절제와 침묵, 성찰이야말로 우리가 배울 가치가 있는 능력이다. 정치적 절제는 다원주의를 존중하고 폭넓은 문제를 고려해 균형 잡힌 결정을 내리는 능력과도 연결된다. 클로는 특히 인문 고전 교육이 세상을 다양한 관점에서 바라보는 데 도움이 된다고 생각한다. 마사 누스바움을 비롯한 많은 철학자도 비슷한 이유로 문학과 예술의 중요성을 강조했다.

당신은 어제의 당신과 같은 사람인가

● ● ● ●

이제 두 번째 관점에서의 절제, 즉 윤리적 품성으로서 절제를 살펴보자. 클로는 절제와 품성은 결국 같은 말이라고 주장한다. 좋은 품성을 지녔다는 말은 자기 충동에 '아니요'라고 말하며 유혹에 저항할 능력을 지녔다는 뜻이다. 클로는 우리는 결국 자기 자신의 품성이라고 말한다. 이는 앞에서 다루었던 필립스의 심리학 이론과도 통한다. 우리는 자신이 하는 일만큼이나 '하지 않는' 일로도 규정된다고 했던 필립스의 말을 기억하는가? 무엇보다 품성은 저항하는 능력, 하지 않기로 선택하는 능력, '아니요'라고 말하는 능력과 관련 있다.

개념이 좀 복잡하긴 하지만, 품성은 적어도 두 가지 측면에서 윤리와 연결된다. 하나는 클로를 비롯해서 아리스토텔레스까지 거슬러 올라가는 수많은 사람이 이야기한, 충동을 통제하는 능력이다. 이런 능력이 없다면 우리는 진실하게 행동할 수 없고 믿을 만한 도덕적 행위자가 되지 못한다. 불쑥 찾아오는 온갖 충동에 따라 행동하는 사람은 어떤 의미에서는 결코 의지를 갖고 행동하지 않는다고 볼 수 있다. 사고와 성찰 없이 그저 충동에 수동적으로 끌려다닐 뿐이니까. 우리는 자기 충동으로부터 거리를 두는 능력만큼, 그리고 우리 자신의 가치를 비롯한 여러 관점에서 충동을 따를지 억제할지 올바르게 결정을 내리는 능력만큼의 자유의지를 갖게 된다.

품성의 두 번째 측면은 삶의 전체적인 형태와 더 관련이 있다. 철학자 폴 리쾨르는 『타자로서 자기 자신』에서 우리 삶의 전체적인 틀을 '자기동일성'이라는 말로 표현했다.[14] 자기동일성이란 시간과 맥락에 따라 변하지 않고 존재하는 우리 삶의 틀을 말한다. 리쾨르의 자기동일성 개념은 내가 『스탠드펌』을 쓰는 데도 영향을 미쳤다. 『스탠드펌』에서 나는 끊임없는 자기계발과 변화를 위한 변화로 우리를 몰고 가는 사회적 흐름, 그럼으로써 우리의 자기동일성을 위협하는 많은 문화적 관행을 비판했다. 만약 우리가 자기동일성을 지키기 위해 애쓰지 않는다면 어떻게 될까? 사람들은 서로 아무것도 믿을 수 없게 된다. 예를 들어 당신이 누군가와 약속을 했는데, 다음

날 그 사람이 다른 인격으로 변할 수 있다면 그를 믿고 약속을 할 수 있겠는가?

리쾨르에 따르면 자기동일성을 지키기 위해 우리는 삶을 하나의 전체로서 성찰해야 한다. 그러기 위한 가장 좋은 방법은 삶을 하나의 서사로 보는 것이다. 어떤 의미에서 삶은 이야기들로 구성된다. 우리는 삶에 틀을 부여하기 위해 직간접적으로 경험했던 일들을 이야기로 말하고 또 해석한다. 일기나 다이어리를 쓰거나 사진 앨범을 채우는 것도 삶의 퍼즐 조각을 맞추며 이야기를 구성하는 행위다. 현대 심리학은 이를 '서사적 정체성'이라고 부르는데, 이는 그보다 더 오래된 개념인 '품성'의 현대적 이름이다.[15]

리쾨르가 하려는 말은 이렇게 이해할 수 있을 것 같다. 엄밀한 의미에서 사람들은 자기 삶을 하나의 온전한 전체로서, 시간을 거슬러 올라가며 자기 자신을 일관된 서사로서 이해할 때 비로소 도덕적인 존재가 된다는 것이다. 이는 앞에서 언급한 공시적 측면과는 다른 통시적 측면이지만, 둘 사이에는 공통점이 하나 있다. 모두 다 기꺼이 내려놓는 마음이 필요하다는 것이다. 이유는 간단하다. 우리가 삶의 여정 내내 계속해서 다양한 정체성을 갖고 온갖 서사를 갖추려 시도한다면 자기동일성이라는 삶의 틀을 가질 수 없기 때문이다.

오늘날 우리는 젊음을 숭배하며 끝없는 자기계발에 무한한 시간과 노력을 쏟아붓는 시대에 살고 있다. 그래서 영원한 젊음을 좇고 끊임없이 정체성을 바꾸는 삶이 더 매혹적으로 보일지 모른다. 발달심리학자 에릭 에릭슨은 심리적 유예기 이후의 정체성은 특정한 의무에 따라 결정된다고 여겼지만, 요즘에는 심리적 유예기가 평생 지속되기도 한다. 어떤 심리학자들은 우리에게 한계 없는 정체성 실험실에서 평생 보내길 권장하기도 한다. 포스트모던 심리학자 케네스 거겐이 대표적이다. 그는 『현실과 관계』에서 특정한 정체성에 헌신하기보다 다양한 서사를 탐험하라고 제안한다.[16] 삶에 일관되고 전체적인 틀을 부여하는 자기동일성이 필요하다는 생각과는 정반대다. 어쩌면 카멜레온 같은 삶이랄까? 유행을 좇기 위해, 또는 다른 색깔이 시류에 더 적합하므로, 아니면 그냥 심심하니까 자기 색깔을 바꾸는 삶이다. 이런 태도가 윤리적 삶의 토대가 될 수 있을까? 우리가 살펴본 사상가들이 옳다면, 결코 그럴 수 없다.

정치철학자 로버트 구딘은 자신의 책 『합의에 대하여』에서 마틴 스코세이지의 영화 「좋은 친구들」의 한 장면을 언급한다. 엄마가 아들에게 "왜 좋은 여자를 찾지 않니?"라고 묻자 아들은 이렇게 대답한다. "찾아요. 거의 매일 밤요." 뒤이어 엄마가 "내 말은 함께 정착할 만한 여자 말이다"라고 고집스럽게 말한다. 그러자 아들이 다시 대답한다. "찾아요. 거의 매일 밤요."[17]

유머러스한 대화지만 더 많은 것, 좀 더 다른 것, 새로운 것을 끊임없이 원하는 태도에 윤리적 의무는 결여되어 있다는 것을 사랑과 성이라는 맥락에서 잘 보여준다. 이런 카사노바 같은 태도로 꾸준히 삶을 살아간다면 어떨까? 키르케고르가 말한 일종의 심미적 절망 상태로 곤두박질쳐서 영원히 불만족스러운 상태로 남게 된다. 끊임없이 다음 모퉁이를 돌면 좀 더 나은 무언가가, 그다음 모퉁이를 돌면 훨씬 더 나은 무언가가 우리를 기다리리라 생각하기 때문이다.

　이런 태도는 우리를 절망으로만 이끄는 게 아니라 윤리적으로 살 수 없게 만든다. 우리가 마땅히 해야 할 일을 하며 윤리적으로 살아가려면 헌신과 신뢰, 자기희생을 비롯한 덕이 필요하기 때문이다. 이런 가치들은 겉보기에 흥미진진한 유혹을 절제하고, 기꺼이 내려놓으려는 마음과 연결되어 있다.

모든 것을 절제해야 한다,
심지어 절제까지도

● ● ●

　"나는 무엇이든 이겨낼 수 있다. 단 하나, 유혹만 빼고." 나는 앞에서 오스카 와일드의 이 유명한 말을 소개했다. 아마 우리는 이렇게 고쳐 말할 수도 있을 것 같다. "모든 것을 절제해야 한다. 심지어 절제까지도." 이 말을 하는 이유는 윤리적인 의미에서의 절제가 일종의 금욕이나 자학을 목적으로 삼는 것이 아니라는 걸 강조하기 위해서다. 물론 절제의 목적은 적절하고 좋은 삶을 살도록 돕는 데 있고, 그것은 윤리적 삶을 구성하는 많은 요소 가운데 하나일 뿐이다. 물론 핵심 요소이자, 어쩌면 기본 덕목이라 할 수 있다. 하지만 다른 것과 마찬가지로 절제도 지나치면 해롭다. 절제가 신성불가침 원칙이나 금욕이 되면 절제하는 사람 자신뿐 아니라 주변 사람에게도 견디기 힘든 일이 되고 만다. 그러니 절제도 절제해야 한다는 것을 늘 기억하자!

어떤 상황에서 무엇이 올바른 절제인지 어떻게 알 수 있을까? 이런 문제를 생각할 때면 나는 보통 아리스토텔레스에서 출발한다. 아리스토텔레스라면 잘 다듬어진 감정만이 올바른 절제를 기를 수 있다고 말할 것이다. 감정이 이성과 대립하지 않고, 세상에 대해 믿을 만한 지식을 제공해줄 때 올바른 절제를 할 수 있다는 말이다. 공포라는 감정은 이 세상에 위험하고 끔찍한 것이 있다는 것을 우리에게 알려주지만, 무고하고 무해한 것에 공포를 느낀다면 병리적인 감정이 된다. 죄책감은 도덕률을 위반한 책임이 우리에게 있다는 것을 일깨워주지만,

때로는 근거 없거나 왜곡된 자책감을 느끼게도 한다. 긍정적인 감정도 마찬가지다. 예를 들면, 자부심은 의미 있고 칭찬받을 만한 일을 하도록 우리를 독려하지만, 사람들은 결코 자부심을 느껴선 안 될 일에 자부심을 느끼기도 한다. 내가 하려는 말은 우리가 느끼는 감정이 인지와 연결된다는 것이다. 적어도 잠재적으로는 말이다.

하지만 이런 감정도 우리를 잘못 이끌 수 있다. 우리의 '감정 사회화'는 평생에 걸쳐 일어나지만, 특히 어린 시절에 무척 중요하다. 절제의 기술을 배울 때 머리로만 아는 것은 중요하지 않다. 우리에게 주어진 것을 다른 사람과 나눌 줄 알아야 한다는 것, 다른 사람에게도 말할 기회를 주어야 하며, 어떤 삶에 헌신하고 어떤 삶을 놓칠 줄 알아야 하는지를 머리로만 아는 것으로는 부족하다. 그것을 몸으로 느낄 수 있어야 한다. 우리 몸에 각인되지 않은 윤리, 우리가 느끼지 못하는 윤리는 좀처럼 행동으로 옮겨지지 않기 때문이다. 결국 윤리는 추상적이고 지적인 게임이 아니라 실천적 모험이다. 행동의 문제다. 그리고 그 행동을 절제하는 문제다. 윤리적으로 행동할 수 있게 해주는 절제라는 품성을 갖추려면 건강하게 잘 가꾸어진 감정이 필요하다. 터무니없이 예민하기만 한 감수성은 현실에 대한 인식을 흐리게 한다. 따라서 좋은 일에 기뻐하고, 끔찍한 것을 두려워하며, 우리가 잘못했을 때 죄책감을 느끼도록 훈련되어야 한다. 그럴 때 우리는 도덕 감정의 도움으로 우리의 상황을 평가하고 규정하여 더욱 적절하게 행동할 수 있다.

원칙 4

단순하게 살기

지속 가능한 삶을 위한 정치적 결정

젊은 풋내기 연구자 시절, 내가 처음으로 편집에 참여했던 책은 우리 사회가 어떻게 개인에게 끊임없는 자기계발을 요구하는지, 또 이러한 문화 경향이 어떻게 점점 더 많은 영역으로 확산하는지를 비판적으로 다루었다. 우리 일상과 사회 곳곳에 퍼질 대로 퍼져 있는 한계를 모르는 자기계발 문화는 이후 나의 핵심 연구 주제가 되었다.

브레이크 없이 질주하는 자기계발 사회

● ● ● ●

학교와 일터, 그리고 사회 곳곳에서, 우리는 변화에 유연하게 적응하고 기꺼이 발맞추라는 요구에 계속 부딪힌다.[1] 여기서 우리가 가장 주목할 점은 이러한 문화는 끝도 한계도 모른다는 점이다. 이제 우리는 자기 자신은 물론 기업이나 조직을 아무리 계발하고 성장시켜도 '이제 이 정도면 충분하다'고 말하기 힘들어졌다. 모두가 끝없는 평생학습에 매진해야 한다. 거기에는 휴식도, 결승점도 결코 있을 수 없다. 성과평가 면담 자리에서 상사에게 "저의 전문성은 이미 최고 수준입니다. 더 이상의 역량 계발은 필요 없어요"라고 말할 수 있는 사람은 아무도 없을 것이다.

이러한 문화는 사회적 차원에서도 끝을 모른다. 그런 문화에 따라 이루어지는 정치개혁 역시 멈출 줄 모른다. 1990년대에 정치학자 필립 서니는 '경쟁국가'라는 개념을 소개하면서 현대 국가들이 세계 시장에서 어떤 방식으로 작동하는지, 어떻게 국가 운영을 비즈니스처럼 다루는지 설명했다. 또한 정치학자 오우에 카예 페데르센 역시 이런 개념에 따라 이루어지는 '절대 끝나지 않는 개혁'에 대해 이야기했다. 그는 『경쟁국가』에서 1970년대 이래 정부와 정부 기능, 인사 관리 분야에서 시행된 끝없는 구조 개편으로 공공 부문이 어떻게 달라졌는지 묘사한다.[2]

최근 선진국에 속하는 국가들이 학교나 정부기관, 사회보장제도 등을 개혁한다는 명목으로 시행했던 정책들을 떠올리면 쉽게 이해가 될 것이다. 사회 전체적으로 역량을 강화하고 최대 효과를 거두는 일이 그야말로 거듭거듭, 계속 요구된다. 그런데 역설적으로 그런 요구로 인해, 정작 담당자들은 아무 일도 할 수 없는 상황이 되고 말았다. 어떤 정책 지시를 따라봤자, 얼마 지나지 않아 앞선 것보다 더욱더 효과적인 정책으로 바꿔 다시 시행하라는 지시가 떨어지리라는 걸 이미 모두가 잘 알고 있는 것이다.

교육 기관이나 일터에서는 '눈에 보이는 학습'을 위해 모든 것이 하나하나 추적되고 수량화되며 평가된다.

우리의 '학습 조직(보다 나은 경쟁력을 갖추기 위해 구성원들이 새로운 지식을 배우고 이를 공유하면서 계속해서 역량을 강화하는 조직-옮긴이)'에서는 경쟁력을 북돋기 위해 사람들의 발전 상태가 항상 눈에 보여야 하기 때문이다.

이런 문화는 삶의 모든 영역에서 끊임없이 자신을 계발하고 최적의 성과를 내라고 요구한다. 우리는 직업적 전문성을 향상해야 할 뿐 아니라, 개인적으로도 성장할 것을 요구받는다. 아이들 역시 주요 교과 공부를 잘해야 하는 것은 물론, 예체능도 잘해야 하고 건강하기도 해야 한다. 이런 문화의 요구는 정말 끝이 없다. 마치 페널티박스에 가까이 다가설 때마다, 다시 골대가 멀어지는 축구 경기를 하는 것과 같다.

이러한 자기계발 요구는 우리 삶의 긴 과정에 걸쳐 끝없이 되풀이될 뿐 아니라, 다양한 영역으로 퍼져간다. 결코 한계를 모른다. 내가 『스탠드펌』에서 다룬 것처럼, 이렇게 브레이크 없고 멈춰 세울 수 없는 자기계발 문화 속에서 개인의 행복은 크게 위협받는다. 어느 모로 보나 지속할 수 없는 문화다.

지구를 파괴하는 무분별한 소비문화

● ● ● ●

우리가 지속 가능성에 대해 더욱 절박하게 토론하고, 지금의 소비사회를 바꿔야 하는 것은 분명하다. 하지만 다른 한편으로, 꽤 많은 사람이 이런 생각에 이미 싫증을 내는 듯하다. 나도 그게 어떤 기분인지 잘 안다. 언젠가 이렇게 혼잣말을 한 적이 있다. '지속 가능성? 사실 그저 별 뜻 없이 여기저기 갖다 붙이는 유행어가 아닐까?'

물론 이런 생각이 들 때가 있을 수 있다. 그러나 지속 가능한 삶이란, 쉽게 말해서 자연 자원을 불필요하게 낭비하거나 완전히 고갈시키지 않는 삶의 방식이다. 적어도 이 세상을 우리가 물려받은 것만큼의 상태로, 다음 세대에도 물려줄 수 있도록 노력한다는 뜻이다. 문명을 파괴하고 지구의 모든 공장을 당장 멈추자는 식의 몽상적인 유토피아를 말하는 게 아니다. 지속 가능성은 바로 지금, 모든 사람이 공유할 수 있는 가장 현실적인 생각이 되어야만 한다.

하지만 과연 인류가 지속 가능한 사회를 만들 수 있을까? 이미 너무 늦어버린 건 아닐까? 많은 과학자는 우리가 '인류세Anthropocene'라 불리는 지질 시대에 살고 있다고 말한다. 그리스어로 사람을 뜻하는 '앤트로포스antropos'라는 단어가 들어 있는 말로, 사람의 활동이 지각변동이나 화산 폭발만큼 막대한 영향을 지구에 끼치고 있다는 뜻이다. 실제로 인류는 자연에 어마어마한 영향력을 행사하며, 지구 환경 전체에 파괴적인 결과를 불러일으키고 있다.

덴마크의 한 신문 기사에 따르면, 오늘날 산업사회는 이전의 농업사회보다 네다섯 배 많은 에너지를 사용한다고 한다. 그런데 농업사회는 그 이전의 수렵채집사회보다 서너 배 많은 에너지를 사용했다.[3] 1800년 10억 명 정도였던 세계 인구는 현재 78억 명쯤으로 늘어났다. 같은 기간 동안 소비는 40배, 생산은 50배 증가했다. 결과는 뻔하다. 대기에 이산화탄소 농도가 늘어나고 기온이 올랐으며 기상이변은 늘었다. 기후변화로 삶의 터전을 잃은 사람들의 수는 전쟁 난민의 수보다 두 배나 많다. 오늘날 전쟁이 적게 일어나는 것도 아닌데 말이다.

인류의 활동은 지구의 생물 다양성도 해치고 있다. 지난 45년간 동물 종의 3분의 2가량이 멸종했다.[4] 지속 가능성이란 말이 유행어 비슷한 것이 된 데에는 그럴 만한 이유가 있다. 과학자 가운데는 기후변화 문제가 벌써 변곡점을 지났으며 이제는 지구를 구할 방법이 없다고, 머지않은 미래에 끔찍한 재앙이 닥칠 것이라고 주장하는 이도 꽤 많다.[5] 그것이 우리가 도달할, 아니 이미 와 있는 미래인 걸까?

아직은 확실히 대답할 수 없다. 하지만 공포심을 자극하는 경고가 그다지 효력을 발휘하지 못한 것은 분명하다. 기후변화를 걱정하는 과학자는 연구비를 지원받기 위해 종말론을 파는 관심병 환자 취급을 받기도 하고, 뭐라고 하든 아예 무관심한 사람도 많다. 어차피 늦었으니 그냥 지금처럼 삶을 즐기는 게 낫다는 사람들도 있다. 영화 「타이타닉」의 한 장면이 떠오르는 상황이다. 바닷물은 배 안으로 밀어닥치는데, 오케스트라는 연주를 이어가고 사람들은 물에 잠길 때까지 춤을 추고 술을 마신다.

불필요한 공포를 키우려고 하는 말이 아니다. 나는 개인이나 사회에 매력적인 대안이 될 수 있는 삶, 불필요 하게 많이 바라지 않는 지속 가능한 삶을 제시하고 싶을 뿐이다. 이런 삶에는 근본적으로 존엄한 면이 있다. 지속 가능한 삶을 살자는 호소는 지난 몇백 년 동안 우리를 움 직였던 흐름과 결별하라는 말과 같다. 사실 '더 많이, 더, 더' 원하는 태도를 비판하는 목소리는 늘 있었다. 주로 윤리적, 심리학적 목소리로 우리가 절제의 기술을 배우 지 못한다면 끝내 파멸할 것이라 말한다. 이제 여기에 다 른 목소리까지 합류하고 있다. 바로 지속 가능한 사회를 위해 환경적, 정치적 측면에서 절제가 필요하다는 목소 리다.

불평등 사회는 부자에게도 해롭다

● ● ●

세계가 위기에 처한 것이 기후변화 때문만은 아니 다. 많은 사람이 규제 없이 고삐가 풀린 자본주의를 비판한다. 심각한 불평등, 광범위한 불안과 갈등을 전 세계에 퍼트리고 있다는 것이다. 물론 절대빈곤에 처한 이들의 숫자는 최근 몇십 년 사이에 꾸준히 줄어들었다. 많은 사람이 과거보다 훨씬 더 잘살고 더 좋은 교육을 받고 있다. 영아 사망률도 감소했다.

그러나 여전히 그 이면에서는 어두운 그림자가 커지고 있다. 세계적으로 빈부격차는 점점 벌어지고 있다. 세계 인구의 최상위 1퍼센트가 나머지 모두의 재산을 합한 것보다 더 많이 소유하고 있으며, 세계에서 가장 부유한 사람 여덟 명이 세계 인구 중 가난한 50퍼센트의 부를 모두 합한 것만큼의 부를 소유하고 있다.[6] 이러한 부의 격차는 국가와 국가 사이뿐 아니라, 한 국가 내에서도 크게 벌어졌다.

불평등의 심화가 초래한 결과에 대해서는 이미 여러 사회학자가 상세하게 다루었다. 통계자료에 따르면, 불평등이 커질수록 질병과 범죄가 늘고 계층 이동과 혁신 가능성은 줄어든다. 리처드 윌킨슨과 케이트 피킷은 『평등이 답이다』에서 경제협력개발기구OECD 국가들을 분석한 끝에 이런 결론을 내렸다.[7] 두 사람의 주요 주장 가운데 하나는, 경제적 평등이 모두에게 좋다는 것이다. 사회가 비교적 평등할 때, 놀랍게도 최고 부유층의 삶 역시 나아진다. 더 오래 더 건강하게 살며 스트레스도 덜 받는다. 경제적 평등이라는 관점에서 지속 가능한 사회란 모든 사회 구성원이 잘살고 있다고 느끼는 사회다. 모든 사람이 똑같이 소유하고 똑같이 소비하는 것이 바람직하다는 말은 아니다. 다만 좀 더 많은 사람이 경제적으로 나은 삶을 꿈꿀 수 있는 사회가 좋은 사회이고, 그런 자유 자체가 박탈된 사회는 악몽 같은 전체주의 사회나 다를 바 없다는 뜻이다.

우리는 불평등의 심화를 여러 사회 문제의 숨은 원인으로 심각하게 보아야 한다. 경제협력개발기구 사무총장 호세 앙헬 구리아는 폭주하는 불평등 문제가 이미 변곡점에 도달했고, 그대로 두면 기후변화처럼 심각한 위기를 초래할 것이라고 경고했다.[8] 불평등과 지구 온난화는 일단 어떤 지점에 도달하고 나면, 그 경로를 바꾸기가 무척 어려워진다. 변화에 따른 수많은 효과가 눈덩이처럼 불어나, 도저히 감당할 수 없을 만큼 커지기 때문이다. 이처럼 경제협력개발기구마저 불평등이 계속 더 커진다면 최고 부유층을 비롯한 모든 사람에게 해로우리라는 사실을 인정한다.

그렇다면 무엇이 기후 위기와 불평등을 심화시키는 걸까? 그 원인을 딱 하나만 지목하는 건 쉽지 않다. 자본주의를 손가락질하긴 쉽지만, 사실 자본주의라는 말은 여러 사회 유형을 아우르는 다소 두루뭉술한 용어다. 또한, 섣불리 자본주의를 뒤집어엎고 다른 체제로 대체하려는 시도는 오히려 더 나쁜 결과로 이어질 때가 많았다. 소련을 떠올려보라. 결국 소수 집권층이 지배하는 전체주의 정권으로 전락하지 않았던가. 게다가 우리의 사고 방식과 행동 역시 워낙 오랫동안 자본주의라는 상자 안에서 형성되다 보니, 객관적으로 평가하기가 힘들다. 그렇다면 그냥 지금처럼 살아야 할까? 다소 자조적인 답변이지만, 어쩌면 그게 답일지도 모른다.

뒤처짐의 두려움을 이기는 만족의 미덕

● ● ● ●

다만 최근 들어 조금씩 변화가 생기고 있다. 카를 마르크스에 따르면 역사적으로 기술 발달은 사회 발전에 중대한 영향을 끼쳤다. 또한, 폴 메이슨의 베스트셀러 『포스트 자본주의 새로운 시작』도 오늘날 자본주의 체제가 과거 자신의 도약을 이끌었던 바로 그 기술 발달 때문에 어떻게 흔들리게 됐는지를 다루고 있다.[9] 그가 말하는 그 변화 양상은 다음과 같다.

첫째, 새로운 디지털 기술은 노동력을 적게 필요로 한다. 기존까지 고용의 상당 부분을 책임졌던 제조업 분야를 중심으로 로봇화와 자동화는 점점 늘어나는 추세다. 당연히 일자리는 계속 감소할 것이다.

둘째, 신기술 발달로 정보재 같은 비물질적 상품이 풍부해진 결과 시장이 가격을 규제하기가 힘들어졌다. 전통적으로 시장은 자원의 희소성을 토대로 작동하지만, 디지털 세상에는 정보와 음악, 사진, 책 등 온갖 자원이 무한대로 넘쳐난다.

셋째, 산업 구조가 순식간에 변화하기도 한다. 예를 들어, '공유 경제'라 불리는 협동적 생산 양식이 등장해 기존 산업을 순식간에 뛰어넘기도 한다. 전통적인 백과 사전을 시대에 뒤떨어진 쓸모없는 물건으로 만들어버린 위키피디아를 생각해보라.[10]

그렇다면 기술 발달과 사회 변화, 우리 삶의 속도가 점점 더 빨라지는 사회 가속화 현상이 오늘날 우리와 사회를 실제로 이끌고 가는 중대한 역사적 힘일까? 사회학자 하르트무트 로자는 그렇다고 말한다. 그는 사회 가속화에 대한 분석을 토대로 완전히 새로운 근대성 이론을 고안해냈다.[11] 그의 이론을 간단히 설명하면, 개인의 삶과 사회 활동 등 거의 모든 것이 점점 빨라지고 효율적으로 변하지만, 그런데도 우리의 여가는 늘어나지 않는다는 것이다. 우리는 효율성을 높이는 새로운 기술과 시스템을 계속해서 개발한다. 하지만 그로 인해 발생한 여가를 그대로 두지 못하고, 또 다른 자기계발의 시간으로 채워 넣는다.

앞에서도 이야기했지만, 우리 사회가 직면한 문제는

누구도 이러한 가속화에 제동을 걸지 않는다는 점이다. 오히려 '더 열심히, 더 잘, 더 빨리, 더 강하게'가 우리 사회의 신조다. 프랑스의 2인조 전자음악 밴드 다프트펑크가 동명의 히트곡에서 로봇 같은 목소리로 읊조린 것처럼 말이다. 적어도 산업화 시대의 사람들은 절제를 가치 있게 여기는 문화에 속해 있었다. 하지만 이제는 그런 문화조차 모조리 사라져버렸다.

산업화 시대에서 오늘날의 지식사회, 소비사회에 이르는 사이에 경제적 토대는 엄청나게 변했다. 하지만 그에 못지않게 사고방식 역시 크게 달라졌다. 사회학자 지그문트 바우만에 따르면 우리는 미래를 위해 현재의 만족을 지연하는, '저금통장'으로 대표되는 '견고한' 문화에서, 할 수 있는 한 많이 손쉽게 소비하라고 부추기는 '유연한' 신용카드 문화로 옮겨왔다. 빠른 사회 변화 속도를 따라가기 위해서는 개인 역시 유동적이어야 하기 때문이다.[12]

우리가 직면한 문제의 핵심이자 인류 앞에 놓인 가장 큰 도전 과제는 바로 이것이다. 더 많이 갖고, 더 많이 해내고, 더 많이 경험하고, 더 많이 소비하는 것이 가장 이상적이라는 생각에 과연 어떻게 맞설 것인가?[13] 어찌 됐든 이런 생각이야말로, 정치인과 기업인이 좋아하는 표현처럼 성장의 바퀴를 계속 굴러가게 하는 것이 아니던가?

오늘날 좋은 시민이란 자신이 가진 것에 만족할 줄 모르는 좋은 소비자를 뜻한다. 예전에는 성실히 일하고 아끼고 저축하며 절제를 가치 있게 여기는 사람이 좋은 시민이었다. 요즘엔 이와 반대로 모든 것을 소비하며 만족을 모르는 사람, 계속 앞서가기 위해 노력하길 멈추지 않는 사람이 좋은 시민이다. 지금 가진 것에 만족하는 사람에게는 더 많이 가져야겠다는 동기가 없다. 소비사회 그리고 자본주의 경제는 끝없이 더 많이 가지려는 사람들의 욕망을 발판 삼아 굴러간다. 이런 사회에서 만족은 이제 덕이 아니라 악이다. 사람들은 자기 지위에 일상적으로 불안을 느낀다. 성과를 중시하는 사회에서 불안은 너무나도 친숙한 감정이다. '내가 지금 잘하고 있는 걸까?', '다른 사람들은 나를 어떻게 생각할까?' 같은 생각

이 머릿속을 떠나지 않는다.[14]

반대로 이 책은 만족의 미덕을 강조한다. 어떤 흐름에 내가 뒤처질지 모른다고, 기회를 놓칠지 모른다고 두려워할 이유가 없다. 오히려 어떤 흐름에서 뒤처지고 마음을 내려놓다 보면, 지금 이미 가지고 있는 것들의 진정한 가치를 깨닫게 된다. 나는 현실적인 문제들, 이를테면 기후변화나 세계적 불평등 문제에 올바르게 대처하려면, 우리가 이미 가진 것에 기꺼이 만족하는 태도가 가장 필요하다고 생각한다. 많이 갖지 않더라도 그럭저럭 견뎌내는 법, 무언가를 기꺼이 내려놓는 법을 배워야 한다. 그런 태도 없이 지속 가능한 사회가 실현되리라고는 상상할 수 없다. 그러니까 자연의 리듬에 맞춰 사람들이 함께 어울려 조화롭게 일하며, 불평등의 격차 역시 너무 크지 않은 그런 사회 말이다.

하지만 이런 고민은 있다. 지구상에서 가장 부유하고 가장 안전한 나라에서, 비교적 부족한 것 없이 살아가는 나 같은 사람이 이런 주장을 펼치는 건 다소 위선적인 일이 아닐까? 욕망을 좇는 대신 절제하는 법을 배워야 한다고 주장하는 것이 다른 사람을 가르치려 드는 엘리트주의적이고 특권적인 태도가 아닐까? 누군가는 '부족한 게 없는 당신 같은 사람들이야 그럴 수 있겠지!'라고 비난하지 않을까? 물론 타당한 반응이다. 더 이야기를 풀어가기에 앞서, 이런 고민에 대해 짚고 넘어가자.

유기농 제품을 사는 게 절제일까

● ● ●

엘리트주의의 덫이란, 예를 들어 이런 것이다. 부유한 특권층이 절약이나 긴축이 필요하다고 주장하며, 이를 지키지 못하는 다른 이를 비난하는 상황이다. 유기농 먹거리를 먹지 않는다거나, 아이들에게 인공 첨가제를 잔뜩 먹이고 있다고 다른 사람을 비난하는 것이다. 이런 비난이 문제가 되는 이유는 유기농 먹거리나 인공 첨가제가 없는 건강 식단에 대한 정보를 알고 '올바르게' 구매하려면, 금전적으로 심리적으로나 여유가 있어야 하기 때문이다. 부유한 사람들이야 유기농 제품을 살 만한 충

분한 여유가 있다. 하지만 돈과 시간이 부족한 이들은 친
환경적이면서도 최적의 영양 섭취를 도와주는 식단을 접
하기 힘들다. 그런 걸 알려주는 책이나 방송을 찾아볼 시
간이 없어서 지식도 쌓을 수 없다. 게다가 유기농 채소나
자연 방사로 키운 닭이나 계란은, 일반 채소나 양계장 닭
보다 훨씬 비싸다.

　나라 사이에도 비슷한 문제가 있다. 덴마크처럼 부
유한 나라는 마음만 먹으면 이산화탄소 감축 목표를 충
분히 맞출 수 있다. 제조업 공장을 다른 나라에 지을 수
도 있고, 어쩌다 이산화탄소 의무 감축량을 지키지 못했
을 때는 탄소배출권을 다른 나라에서 살 수도 있다. 물론
엄청나게 부유한 사람들이 가급적 단순하고 소박한 삶
을 살려는 것은 아주 좋은 일이다. 그러나 나 같은 부유
한 나라 국민이 이제 성장을 시작한 신흥국 국민에게 생
산과 소비를 줄이라고 말하거나, 물질적 풍요에 대한 기
대를 낮추라거나, 이산화탄소를 덜 배출하라고 말한다면
아무래도 환영받기 어렵다.

　우리가 이런 엘리트주의의 덫을 피하려면 정치적 관

점에서 생각하는 것이 중요하다. 이때 정치적 관점이란 정당정치라는 좁은 관점을 넘어선다. 정치라는 단어는 도시국가를 뜻하는 그리스어 '폴리스polis'에서 유래했다. 여기서 나는 정치라는 말의 본래 뜻을 살려 '집단적 삶과 관련된 것들'이라는 의미로 쓰겠다. 달리 말해 한 집단의 모든 구성원에게 영향을 미치는 결정은 근본적으로 정치적일 수밖에 없다. 이 책에서 나는 개인이 절제에서 어떤 의미를 찾을 수 있는지를 주로 다루었다. 하지만 이런 논의는 개인적 차원뿐 아니라 집단적 차원에서도 이루어져야 한다. 사실 중대한 결정은 집단적 차원에서 내려지기 때문이다.

예를 들어, 모든 사람이 가끔이라도 유기농 닭고기를 사 먹을 수 있는 나라를 만들기 원한다면 유기농 식품의 가격 인상을 제한하는 제도가 필요하다. 이산화탄소 배출량을 줄이고 싶다면 화석연료를 덜 소비하도록 세금을 부과해야 한다. 사회경제적 평등을 이루는 일이 중요하다고 생각한다면, 우리가 민주적으로 선출한 국회의원이 누진세 도입을 의제로 삼도록 요구할 수 있을 것이다.

대부분의 사람은 이러한 정치적 해결책을 선호할 것이다. 불평등을 줄이기 위해 세금을 더 낼지 말지를 부유층의 자유의사에 맡기거나, 화석연료 사용을 줄이기 위해 저가 항공 이용을 줄이라고 개인에게 요구하는 식의 해결책보다는 말이다.

지속 가능성에 대해 논쟁할 때에는 자연환경 문제도 물론 다루어야 하지만, 사회가 어떤 방향으로 나아가야 하는지에 관해서도 토론해야 한다. 물론 개인이 자발적으로 쓰레기를 분리 배출하는 것은 매우 좋은 일이다. 하지만 우리가 유권자로서 영향력을 발휘할 수 있는 민주주의 제도 속에서 집단적인 해결책을 찾고 적용한다면, 틀림없이 훨씬 더 효과적일 것이다. 사회 문제는 정치적으로 해결해야지, 개인에게 책임을 전가해서는 안 된다.

사실 집단적이고 정치적인 문제와 개인적인 문제를 구분하는 일은 중요한 논쟁거리다. 바로 이 점에서 지속 가능성과 불평등에 대한 논의가 서로 연결된다. 불평등한 사회일수록 집단적 문제를 해결하는 책임을 개개인에게 떠넘길 때가 많기 때문이다.

사회 문제의 개인화 현상도 이야기해볼 만하다. 이를테면 국가적으로 실업률이 높은 상황인데도, 일자리를 찾을 의욕이 없다며 개인을 비난하는 경우가 있다. 물론 개인의 의욕 상실이나 역량 부족도 실업의 한 원인일 수 있겠지만, 훨씬 더 근본적인 문제는 구조적인 일자리 부족에 있다. 사회학자 울리히 벡이 이런 개인화 현상을 비판한 것처럼 체제적 모순의 결과를 개인의 선택과 도덕성의 문제로 돌리면서 '생애적 해결책'을 찾게끔 하는 것은 옳지 않다.[15]

벡은 위험사회론을 창안한 사람으로, 위험사회를 현대사회 자체에서 생기는 불확실성을 처리하려는 시도로 정의한다. 물론 삶은 늘 불확실하고 위험하다. 오랫동안 인류는 지진, 홍수, 가뭄 같은 자연의 위협에 집단으로 대응해왔다. 그러나 산업화, 기술 발달, 도시화, 합리화 같은 근대성을 꾸준히 발전시킨 결과, 이제는 주요 위험이 오염, 인구과잉, 기후변화처럼 우리 자신에게서, 인간 사회 자체에서 나온다. 우리가 바로 우리 문제의 원인이 됐다! 그러므로 해결책 역시 문제를 만들어낸 사회적 차원에서만 풀 수 있다.

인류세에 이르러 새로운 기술이 새로운 문제와 위험을 만들어냈다. 다소 모순적으로 들리겠지만, 우리는 이제 훨씬 더 새롭고 훌륭한 기술을 발달시켜 앞선 문제들을 해결할 궁리를 하고 있다. 이 새로운 '그린 테크놀로지'가 옛 기술이 남긴 문제들을 얼마나 해결할 수 있을지는 앞으로 더 지켜봐야 한다. 하지만 미래 기술이 우리를 구원하기만 바라며, 언제까지나 손 놓고 기다릴 수는 없다. 어쩌면 우리 눈앞에 닥친 문제들을 해결할 수 있는 가장 효과적인 수단은 우리가 지니고 있던 오래된 덕을 집단적인 차원에서 재발견하는 일이 아닐까? 바로 절제의 기술 말이다.

더 적게 가지는 것에 만족할 수 있을까

● ● ● ●

지금까지 조금 덜 갖고도 만족하며 살아가는 태도의 가치에 대해 살펴보았다. 오늘날 우리는 최대 성과와 최대 가성비라는 관점에 워낙 익숙하다 보니, 개인이 당연히 누릴 수 있는 것들을 절제하는 일이 의미 없는 말처럼 들릴지도 모른다. 우리에게 가장 중요한 건 이 삶을 최대한 즐기는 것이 아닌가? 되도록 많은 경험을 하고 많이 갖는 것이 아닌가?

반드시 그렇지는 않다. 일상뿐 아니라 사회적, 정치적 맥락에서도 당연히 누려야 할 몫보다 조금 덜 누리는 것에 만족해야 할 훌륭한 이유가 있다. 로버트 구딘의 『합의에 대하여』를 읽으면 많은 생각을 하게 된다. 그는 여기서 여러 역사학자와 정치학자의 연구를 언급한다. 역사적으론 전쟁처럼 대규모 집단 갈등이 일어난 뒤에는, 승자가 마땅히 요구할 수 있는 몫보다 덜 받고 만족했을 때, 오히려 평화가 더 잘 유지된다는 것이다.

사실 우리는 이미 그 명백한 사례를 잘 알고 있다. 바로 제1차 세계대전의 교훈이다. 전쟁 이후 승전국들은 패전국 독일에 엄청난 배상금을 요구했다.[16] 이러한 '복수'가 역사적으로 어떤 영향을 끼쳤는지에 대해서는 얼마든지 논쟁의 여지가 있다. 하지만 적어도 그 엄청난 배

상금 때문에 발생한 독일의 사회 문제들이 히틀러와 나치가 등장할 길을 터주었다는 건 분명하다. 또한, 그로 인해 제2차 세계대전이 일어나고 끔찍한 학살이 일어나는 간접적인 원인의 하나가 됐다는 것도 분명하다.

제1차 세계대전 직후 경제학자 존 메이너드 케인스는 승전국들이 독일에 요구한 막대한 배상금이 '카르타고식 평화'로 이어지리라 경고했다. 카르타고식 평화란 로마가 제2차 포에니 전쟁에서 승리한 뒤 카르타고를 무자비하게 파멸시켜 얻은 평화를 말한다. 우리가 역사로부터 배우길 원한다면, 제1차 세계대전 당시 승전국들의 일을 교훈으로 삼아 절제의 문제를 생각해보아야 한다.

자신이 얻을 수 있는 것보다 적은 것에 만족하는 태도는 고대 철학자가 메이오넥시아meionexia라 부른 일종의 관대함이다. 전쟁이 끝난 뒤 우리가 마땅히 추구해야 할 태도는 눈먼 복수가 아니라, 정치학에서 말하는 '유스 포스트 벨룸jus post bellum', 곧 전쟁이 끝난 뒤의 정의다. '메이오넥시아'가 바로 그 열쇠다.[17]

우리가 가질 수 있는 것보다 적게 가지는 것에 만족

하려면 성숙하고 잘 다듬어진 정신이 필요하다. 손만 뻗으면 거뜬히 붙잡을 수 있는 것들을 기꺼이 놓아버리기란 쉽지 않은 일이다. 소비사회를 맹비난한 정치학자 벤자민 바버에 따르면, 요즘 우리에게는 이러한 지적 성숙이 부족하다.[18] 바버는 소비사회가 우리를 어린아이처럼 만든다고 여겼다. 우리가 이 책 서두에서 살펴보았던 광고 문구를 떠올려보라. 마치 떼를 쓰는 어린아이처럼, 전부 다 가지라고, 그것도 지금 당장 가지라고 부추기지 않는가?

과거의 자본주의 시스템이 효율성과 신뢰성을 중시하며 상품 생산을 중심으로 굴러갔다면, 현대의 소비자본주의는 인간의 욕구와 욕망 자체를 생산해낸다. 물론 사람들에게는 항상 욕구가 있었다. 그러나 과거의 경제가 그저 사람들에게 있던 욕구를 충족하려 했던 반면에, 요즘에는 새로운 욕구를 창조해낸다. 많은 회사가 생산비보다 광고비를 더 많이 쓴다. 사회 시스템 자체가 이미 가진 것에 만족하지 못하고 다른 무언가를, 더 많은 새로운 무언가를 거의 끊임없이 욕망하도록 만든다. 오랫동안 탐내던 근사한 새 차를 샀다면 당장은 엄청난 만족감을 느낄 것이다. 하지만 그 기분은 오래가지 않고, 이내 싫증을 느끼며 다른 차에 다시 눈독을 들이기 시작한다. 어찌 보면 이러한 아이 같은 행동이 굉장히 자연스러운, 아니 너무나도 바람직한 태도가 되어버렸다. 한때 악덕으로 생각되던 것이 이제는 미덕이 되었다. 우리는 아이들처럼 눈에 보이는 것이라면 당장 전부 갖고 싶어 해야한다. 사실 이런 행동을 어린아이 같다고 표현하는 것은 정확하지 않은 표현이다. 아이들은 생각보다 굉장히 관대할 뿐 아니라, 어떤 행동이 올바르고 또 적당한지 무척이나 잘 알고 있기 때문이다.

무엇이 품위 있는 단순함인가

● ● ● ●

만족을 모르는 소비 심리는 오랫동안 비판을 받았고 다양한 대안도 등장했다. 10~15년 전쯤에는 '단순하게 살기'라는 라이프스타일이 유행했다. 이를 다룬 방송 프로그램은 물론 베스트셀러 도서도 여러 권 나왔다. 오늘 날 단순하게 살기는 그냥 여러 트렌드 가운데 하나가 되었다. 얼마 전, 나는 구글에서 '단순하게 살기'를 검색했는데, 대부분 스칸디나비아풍 가구를 파는 웹사이트나 실내 디자인 웹사이트로 연결되었다. 잠시 그 사이트를 둘러본 결과, 나는 한 가지 사실을 깨닫게 되었다. 바로 단순하게 살려면 매우 많은 돈이 필요하다는 것이다!

절제와 검소를 추구했던 단순하게 살기 운동이 왜 또 다른 유행의 하나로 전락하고 말았을까? 주로 부유하고 문화 자본을 지닌 중상류층을 겨냥했기 때문일까? 그러니까 단순하고 멋지게 살 능력이 있는 사람들, 기꺼이 시간을 들여 명상하고 마음의 평화를 찾을 수 있는 사람들 말이다. 사실 대부분의 사람에게 단순하게 살기란 현실적인 선택지가 아니다. 당장 매달 생활비를 벌어야 하고, 매일 점심 도시락을 싸야만 하니까.[19]

철학자 제롬 시걸은 단순하게 살기 운동이 지나치게 개인적인 자기계발 이념으로 퇴보하고 말았다고 결론지었다.[20] 운동이 담고 있던 메시지가 시간이 흐르면서 변했기 때문은 아니다. 시걸은 단순하게 살기 운동이 처음부터 또 하나의 자기계발 이념으로 퇴행할 가능성을 품고 있었다고 말한다. 일부 특권층에게 행복의 수단을 제공했지만, 그 안에는 어떠한 진지한 사회적 변화에 대한 고민도, 근본적 가치에 대한 사색도 없던 운동이었기 때문이다. 말 그대로 철학적 알맹이가 없었다.

『품위 있는 단순함』에서 시걸은 더 단순하면서 지속 가능한 삶의 형태를 그려 보이려 했다. 그는 더 단순하고, 지속 가능한 삶의 경제적, 정치적 토대를 상상하기 위해서는 아리스토텔레스의 사상에 기대어 오늘날의 경제사상에 맞설 필요가 있다고 주장한다. 2300년 전쯤 아리스토텔레스는 우리에게 무척 근본적인 질문을 던졌다. 바로 '경제의 목적은 무엇인가?' 하고 말이다. 시걸과 아리스토텔레스 두 사람 모두 경제의 목적이 점점 더 많은 것을 갖는 데 있지 않다고 답한다. 오히려 좋은 삶을 살 수 있도록 경제적 어려움에서 우리를 해방하는 데 있다고 본다. 따라서 우리가 경제를 이야기할 때 좋은 삶이 무엇인지에 대해 논의하는 과정은 반드시 필요하다.

많은 경제학자는 좋은 삶이란 개인이 소망하고 좋아하는 것을 실현하는 것이라 주장할 것이다. 그 개인이 구체적으로 무엇을 소망하고 좋아하는지는 상관없다. 아리스토텔레스의 가르침에 따라, 시걸은 우리의 소망을 이성을 통해, 특히 윤리적 가치라는 관점에서 토론할 수 있다고 말한다. 사람들은 대부분 되도록 부유해지고 싶어한다. 하지만 아리스토텔레스는 돈만 좇아서는 진짜 중요한 것에 집중하지 못하기에, 오히려 좋은 삶을 사는 데 악영향을 끼칠 수 있다고 믿었다. 19세기 중반, 미국 매사추세츠주 콩코드 월든 호숫가에 작은 오두막을 짓고 소박한 삶을 실험했던 헨리 데이비드 소로도 단순한 삶을 옹호한 사람 가운데 하나다. 그 역시 우리가 잘 살기 위해 꼭 필요한 것은 매우 적은 데도, 사람들은 계속해서 더 많이 소유하기 위해 끊임없이 자신을 혹사한다고 말했다.

시걸은 소비사회의 문제를 극복하려면 일이 지닌 본래 가치에 초점을 맞춰야 한다고 주장한다. 우리는 의미 있는 일을 하면 일 자체가 보상이 된다는 이야기를 종종

들곤 한다. 일의 가치에서 만족을 찾아야 한다는 말이다. 그러나 실제로 자신이 의미 있는 일을 하고 있다고 느끼는 사람은 많지 않다. 2015년 영국의 한 연구에 따르면 응답자의 37퍼센트가 지금 자신이 하는 일이 의미가 없고 세상에 기여하지 않는다고 답했다.[21] 자기가 하는 일이 별로 의미가 없거나, 더 심하게는 그 일이 사라지는 게 세상을 더 낫게 만든다고 생각한 것이다. 얼마나 많은 사람이 자기 일로부터, 그리고 삶으로부터 얼마나 소외되어 있는지 알 수 있다.

스스로 아나키스트 인류학자라 부르는 데이비드 그레이버는 오늘날 세상에는 사회적 순기능이라고는 조금도 찾을 수 없는 '허튼 직업들'이 가득하다고 말한다.[22] 허튼 직업은 가치엔 전혀 관심을 두지 않는다. 오직 양적인 면만 중요하게 여긴다. '그래서, 연봉이 얼마나 되지?' 같은 질문을 던지면서 말이다. 하지만 삶에서 정말 의미 있는 일이 무엇인지 찾을 수 있다면, 우리는 그런 일에 집중하는 동안 의미 없는 일들은 쉽게 무시할 수 있다.[23] 문제는 무엇이 삶에서 정말 의미 있는지 성찰할 기회조

차 드물다는 것이다. 이런 질문을 토론하고 성찰하려면 시간이 필요하다. 지난 몇십 년 동안 '신공공관리'(시장경쟁체제를 정부 조직에 적용해 경쟁과 효율성을 강조하는 행정 운영 방식으로 인력 감축, 민영화, 규제 완화 등을 특징으로 한다-옮긴이)와 '린생산방식'(인력과 생산설비 등 생산능력을 필요한 만큼만 유지하면서 생산효율을 극대화하는 방식으로 1960년대 도요타에서 시작되었다-옮긴이) 같은 개념을 내세운 경영적 사고는 우리가 일의 본질적 측면에 마음을 쓰는 대신 얼마나 많이, 얼마나 빨리, 얼마나 오래 같은 투자 효율성의 측면만 생각하게끔 했다.

우리가 무엇이 의미 있는지 깊게 생각하기 위해서는 여가가 중요하다. 시걸은 여가를 특별한 훈육을 거쳐 습득할 수 있는 예술의 한 형태라고 찬양한다. 여가라고 해서 꼭 특별한 목적 없이 쉬는 것만 말하는 건 아니다. 다른 사람과 함께 공유하는 의례화된 풍속이나 관습도 얼마든지 여가가 될 수 있다. 이를테면 유대인인 시걸에겐 어린 시절부터 유대인 공동체에서 함께 준비하고 참여했던 안식일이 훌륭한 여가가 된다. 지역 축제도 마찬가지다. 이처럼 하나의 의례로 자리 잡은 활동을 통해 사람들은 서로 함께하며 같은 목표에 집중할 수 있다. 또한, 우리가 일할 때는 잘 품지 않았던 질문을 함께 성찰할 수 있는 계기를 마련하기도 한다. 이런 의례는 종교 공동체의 울타리나 시민 문화센터, 성인 교육기관에서 이루어지는 것 외에도 가족 구성원이 한자리에 모여 저녁을 먹으며 일과에 대해 이야기하는 일상적인 상호작용도 해당한다. 이 책의 다음 장에서 나는 이러한 의례화된 관습에 대해 자세히 다루려 한다. 그것이 어떤 미학적 방식으로 우리 삶을 담아낼 틀을 제공하고 일상을 풍부하게 만드는지, 우리에게 중요하지 않은 것들을 기꺼이 놓아버릴 수 있도록 돕는지 이야기할 생각이다.

공동체의 삶을 책임지는 적극적 자유

● ● ● ●

지금까지 우리는 한계를 모르는 소비사회의 특성과 그것이 초래하는 불평등 문제, 그리고 절제 없는 소비사회는 더 이상 지속할 수 없다는 점을 살펴보았다. 물론 깊이 있게 분석했다고는 말할 수 없다. 나는 그저 역사적, 정치적 전개 과정을 간단히 살펴봄으로써 자기 절제의 기술이 심리적, 실존적, 윤리적, 미학적 관점에서 논의할 만한 주제이며, 절제가 힘든 고통이 아니라 우리가 진정 행복할 수 있도록 돕는 긍정적인 가치라는 점을 알리고 싶었다.

앞에서도 언급했지만, 절제의 기술은 어떤 의미에서는 단순하게 살기 운동의 핵심 요소이기도 하다. 단순하게 사는 것은 매우 중요하다. 개인의 행복을 위해서도, 지속 가능한 사회를 만들기 위해서도. 하지만 현실에서 단순하게 살기 운동은 지나치게 엘리트주의적이고 개인주의적이었다. 단순하게 살기란 절대 단순하지 않다. 정말 단순하게 살려면, 개인이 상당한 경제적, 문화적 자원을 가져야 하기 때문이다. 우리가 무엇을 버리고 무엇을 내려놓아야 할지 제대로 알려면, 토론을 하거나 민주적인 제도를 활용해도 좋을 것이다. 개인적인 삶 역시 타인이나 사회에 의존하고 있다는 사실을 항상 유념하자. 개인과 집단을 이분법적으로 봐서는 안 된다. 둘은 사실상 상호의존하고 있다. 덴마크 같은 복지국가는 개인의 삶에 꼭 필요한 것을 다른 나라보다 잘 보장한다. 그렇기에 개인이 '더 많이, 더, 더' 벌기 위해 쉼 없이 애쓰지 않아도 된다.

조금 뜬금 없는 이야기로 들릴지 모르지만, 건강한 사회를 만들기 위해서는 아름다운 도시 환경을 가꾸는 일도 꽤 도움이 된다. 그런 도시에 사는 사람들은 더 건강해지는 데다가, 아름다운 환경을 누리기 위해 돈을 더 벌어야 할 필요가 없기 때문이다. 아름다운 공원과 쾌적한 광장이 있는 도시에 사는 사람은 자기만의 정원이 그다지 필요하지 않다. 훌륭한 도서관과 박물관, 편리한 대중교통을 갖춘 사회는 아리스토텔레스가 '번영하는 삶'이라 말한 삶의 토대를 갖춘 셈이다. 아리스토텔레스가 살던 시대에는 남성 자유 시민들이 함께 모여 예술 작품을 감상하고 토론하며 삶을 즐길 수 있었다. 어디까지나 여성과 노예의 예속에 기댄 것이었지만. 오늘날 우리는 그런 착취 없이도 이 모든 걸 이루어낼 수 있다.

시걸은 좋은 책을 읽는 일을 단순한 삶의 대표적인

상징으로 꼽으면서, 독서의 기쁨이야말로 자녀에게 줄 수 있는 최고의 선물이라 말한다. 나도 동의한다. 다만 책을 읽는 기쁨을 이야기할 때 절대 놓치지 말아야 할 것이 있다. 책을 읽으려면 충분한 여가가 있어야 한다는 점과 적절한 교육이 필요하다는 점이다. 마찬가지로 우리 아이들이 절제의 기술을 터득하기 위해서도 적절한 교육이 필요하다. 누구도 저절로 절제의 기술을 터득하지는 못한다.

그런데 이런 이야기를 하다 보면, 우리가 절제의 기술을 배워야 한다는 논의 이면에 놓인 딜레마를 마주하게 된다. 우리가 다른 사람을 대신해서 그들이 무엇을 내려놓아야 할지 결정한다면, 그건 자유민주주의 정신을 거스르는 일이 아닐까? 모든 사람이 스스로 자유롭게 결정해야 하지 않을까?

물론 나 역시 그런 자유야말로 우리가 추구할 만한 근본적 가치라고 생각한다. 하지만 요즘에는 이런 자유가 우리 눈앞에 닥친 위기를 해결하려는 합리적인 욕망과 충돌하고 있다. 물론 개인의 삶을 보호하는 동시에 통제하려는 사회의 압력에 개인의 자유를 희생물로 바쳐서는 안 된다. 하지만 소극적 자유만이 우리가 누릴 수 있는 자유의 전부도 아니다. 소극적 자유란 다른 사람들의 간섭을 받지 않을 자유다. 하지만 자유에는 적극적인 측면도 있다. 읽고 쓰고 계산하고 추론하고 민주주의에 참여함으로써, 우리 자신뿐 아니라 공동체의 삶 역시 기꺼이 책임지는 바로 그런 자유 말이다.

적극적 자유를 누리려면 성숙한 시민의식이 필요하고, 개인적으로도 통찰력과 비판 능력을 갖춰야 한다. 또한, 자유는 연대 의식도 포함한다. 사실 연대 의식이야말로 이 책에서 다루는 주요 주제다. 절제의 기술은 더 힘든 상황에 있는 다른 누군가에게 도움을 주기 위해, 내 앞에 놓인 무언가를 기쁘게 내려놓는 마음이다. 누구도 단 하나도 포기하려 들지 않는다면, 우리의 삶은 그저 개인과 개인의 지난한 투쟁의 장이 되고 말 것이다. 그럴 때 자유는 오직 강자의 전유물이 된다. 어찌 보면 자유와 강제 사이의 딜레마가 모든 교육의 핵심이다. '자유'로울 능력을 익히기 위해 우리는 교육을 '강제'받을 필요가 있

다. 정치적 문제를 토론할 때마다 이 점을 늘 잊지 말아
야 한다.

원칙 5

기쁜 마음으로
뒤처지기

일상이 즐거워지는 삶의 미학적 형식

지금까지 우리는 절제의 기술이 무엇이며 그것이 왜 필요한지 심리적, 실존적, 윤리적, 정치적 관점에서 살펴보았다. 이 주장들이 어느 정도 설득력이 있었기를 바란다. 그 주장들을 타당하게 여긴다면, 절제의 기술과 내려놓기의 즐거움을 배우는 일이 심리적으로 현명하고, 실존적으로 중요하며, 윤리적으로 좋을뿐더러, 정치적으로도 옳다고 생각할 것이다. 하지만 사실 그 주장들이 전부 실용적이거나 매력적이지는 않다.

절제를 중요하다고 말하는 이들은 대개 (무언가를 하지

않는) 절약과 검소, (무언가를 하는) 집중력과 품성, 고집을 중요하게 여긴다. 이런 삶이 다소 무미건조하고 우울하게 들리는 것도 사실이다. 그럼 쾌락은 어쩌란 말인가? 우리 삶의 미학적 차원은? 자, 이것이 바로 지금부터 다룰 주제다. 지금부터 우리는 절제에서도 큰 즐거움이 샘솟을 수 있다는 것을 살펴보려 한다.

혹시 '조모JOMO, Joy Of Missing Out'라는 말을 들어본 적 있는가? 오늘날 널리 퍼진 유행어인 '포모FOMO, Fear Of Missing Out'의 반대말이다. 우리는 내려놓는 일과 뒤처지는 일을 두려워해서는 안 된다. 오히려 단순한 삶에 즐거움을 느끼고 좋은 삶을 사는 일에 집중해야 한다. 시인 로버트 프루스트가 「가지 않은 길」에서 노래한 것처럼, 우리가 어떤 선택을 하든 필연적으로 다른 무언가를 놓치기 마련이다. 그러니 두 갈래 길을 동시에 다 걷겠다고 애쓰는 건 헛수고다. 이 사실을 인정하는 것이야말로 바로 포모가 아닌 조모를 실천하는 첫걸음이다.

단순한 것이 가장 아름답다

● ● ● ●

　사람 대부분은 단순함에 깃든 아름다움을 안다. 엄격한 형식을 따라 17음절로 간단하게 이루어진 하이쿠가 골치 아픈 구조로 길게 쓰인 시만큼이나 감동적일 수 있다. 소박한 반주에 아름다운 목소리로 부른 노래가 복잡한 음으로 구성된 작품만큼이나 아름다울 수 있다. 과학에서도 아주 단순하고 조화로운 이론일수록 굉장한 심미적 호소력을 지닌다. 가장 유명한 예가 DNA 이중나선 구조다. 이 구조를 발견하는 데 기여했던 분자생물학자 프랜시스 크릭은 이를 '우아한 분자'라 불렀다. 단순한 구조로 이루어진 DNA의 아름다운 이미지는 다소 어렵게 느낄 수 있는 과학 이론을 사람들에게 널리 전파하는 데 도움을 주었다.

　예술이든 과학이든 복잡하다고 다 좋은 것은 아니다. 물론 정밀하고 복잡한 논증 과정이 필요할 때도 있긴 하지만, 그 정도와 수준은 분야에 따라 다르다. 예를 들어 수학에서는 완벽함과 정밀함을 이루는 공식이 존재하지만, 훨씬 복잡하고 다면적인 현상을 다루는 윤리학과 심리학에선 그런 공식이 없다. 아리스토텔레스는 어떤 분야에 어느 정도의 정밀성이 필요한지를 판단하는 것이 지성의 성숙도를 보여준다고 말했다. 그 분야의 특성에 따라, 가장 단순하면서도 정밀하게 개념을 표현하는 것이 이상적이다.

어떤 분야의 단순함과 정밀함 정도를 판단하기란 쉽지 않다. 많은 경험도 필요하다. 내가 몸담은 심리학 분야에서 보면 단순하고 정밀하게 소통하는 능력은 어느 정도 경험과 식견이 쌓여야 길러진다. 대학교에 들어와 첫 과제물을 제출하는 학생들은 대개 무겁고 '학술적인' 문체로 쓰는 경향이 있지만, 나이 들고 경험 있는 교수들은 훨씬 더 가볍고 더 우아한 형식을 찾아낸다. (아, 물론 모두가 다 그런 건 아니지만.)

어려운 소재를 이해하기 쉽게 단순한 메시지로 전달하는 일은 예술 분야에서도 중요하다. 예술도 과학과 마찬가지여서, 단순함의 미학은 메시지가 정밀하게 전달되도록 돕는다. 이는 상당히 체계적인 과정이 필요한 일이기도 하다. 많은 사람이 예술은 제멋대로이고 직관적이지만, 과학은 엄정한 방법론을 따른다고 믿는다. 하지만 예술 역시 질서 정연하고 체계적으로 창조될 때가 많다. 일정한 틀과 형식이 오히려 자유로운 창조성을 돕는다는 증거도 많다.[1] 예술가가 직접 창작 과정에 대해 말하는 것을 들어보라. 한계 없는 자유는 우리를 해방하는 게 아니라 오히려 마비시킨다. 틀이 없다면 우리에게 남는 것은 아무것도 없는 진공 상태뿐이다.

시인이자 영화제작자인 예르겐 레트도 이 점에 동의한다. 2016년 나와 대화할 때 그는 게임의 규칙이 있을 때 비로소 예술적 자유가 있을 수 있다고 말했다.[2] 게임의 규칙은 견고한 형식과 구조를 제공하는데, 바로 그 공간 안에서 예술가는 '우연의 선물'(레트의 표현을 쓰자면)을 통해 세상의 아름다움 일부를 혼란스럽지 않은 방식으로 드러낼 수 있다. 아름다움을 창조하기 위해서 예술가는 자기 자신을 규칙으로 제한해야 한다. 레트는 다음 두 가지 신조로 이런 철학을 표현했다. "삶은 흥미롭습니다. 그래서 삶을 공부하고 싶어요", "나는 아무것도 모릅니다. 그래서 알고 싶지요!"[3]

레트의 관점에서 보면 예술가는 세상을 공부하는 사람이다. 예술은 단지 주관적 감정의 발산이 아니라, 우리 삶의 다양한 부분을 탐색하고 이해하려는 시도다. 예술가와 과학자는 비록 출발점은 다를지라도 어떤 의미에선 결국 같은 것을 성취하려 애쓴다. 레트는 인류학자 브로니슬라브 말리노브스키가 개척한 연구 방법을 충실하게 따른다. 말리노브스키는 자신이 연구하고 이해하고 싶었던 부족과 함께 어울려 산 최초의 인류학자다. 이 방법을 따라서 레트는 자신의 예술 활동을 네 단계로 정리했다. 분야를 찾는다. 한계를 설정한다. 조사한다. 그리고 쓴다!

이 방법이 타당하다면, 예술 활동의 전제 조건은 결국 선택과 한계 설정의 과정이다. 이처럼 어떤 것에서는 손을 떼고 놓아버리기로 선택해야만 '무언가'를 찾아낼 수 있다. 우리 삶도 마찬가지다. 인생은 우리가 세상을 공부하고 배워가는 과정이다. 일종의 과학 프로젝트나 예술 프로젝트로도 볼 수 있다. 철학자이자 역사가인 미셸 푸코는 이를 두고 '실존의 미학'이라 불렀다.[4] 그는 이 실존의 미학을 통해 진선미의 삼위일체를 표현하는 '삶의 예술' 개념을 고대 철학에서 다시 살려냈다. 푸코는 자신의 삶을 하나의 예술 작품으로 여길 것을 당부한다. 어찌 보면 다소 위험하고 무책임하게 들리기도 한다. 삶을 '미학화'하는 말 같기도 하다. 방탕한 예술가가 그리하듯 타인에 대한 책임과 의무를 돌보지 않으면서, 오직 자기 삶만을 예술 작품으로 만들려는 것처럼 말이다.

하지만 푸코가 말한 삶을 하나의 예술 작품으로 만드는 과정은 로이스트루프가 윤리적 삶과 긴밀하게 연결되어 있다고 언급한 '형성 의지'와 크게 다르지 않다. 예술로서 삶을 이해할 때, 미학은 윤리적 삶을 방해하기는커녕 오히려 윤리적 삶을 살아갈 전제 조건이 된다. 삶을 위한 (미학적) 형식이 없다면 (윤리적) 의무를 실천할 수 없다. 제한이 없다면 의무도 없다. 규칙이 없다면 게임도 없다. 어떠한 규칙도 제한도 없는 세상에서는 그저 강한 자들이 마음대로 힘을 휘두르기 마련이니까.

선택해야 할 것과
선택하지 말아야 할 것

● ● ●

    그렇다면 우리 삶에 필요한 형식은 어떻게 얻을 수 있을까? 이 질문은 지금까지 살펴본 모든 심리적, 실존적, 윤리적, 정치적 고찰의 뿌리에 놓여 있는 질문이다. 우리가 살펴본 대답은 크게 두 가지 범주로 나눌 수 있다. 첫 번째는 직접적 방법이고, 두 번째는 간접적 방법이다. 전자는 개인이 직접 의지를 발휘해 자기 삶을 만들어가는 방법이고, 후자는 환경을 바꿈으로써 사람들의 삶에 광범위하게 영향을 끼치는 방법이다.

    우선 직접 의지를 기르는 방법을 살펴보자. 앞에서 우리는 현대사회를 지배하는 '선택의 역설' 문제를 살펴보았다. 심리학자 배리 슈워츠는 선택의 자유가 계속 늘어나는 일이 무조건 좋은 것처럼 찬양되는 사회 분위기를 날카롭게 비판했다. 그런 분위기 속에서 사람들은 선택지의 질과 관계없이 양만 무조건 많아지면 자유의 폭도 넓어진다고 착각한다는 것이다. 당연히 전혀 합리적이지 않은 생각이다. 합리적인 사람이라면 천 가지 나쁜 선택지 가운데 백 가지를 고르느니 두 가지 좋은 선택지 사이에서 한 가지를 고를 것이다. 오늘날 사회는 우리 앞에 무수히 많은 선택지를 늘어놓고 선택할 것을 강요한다. 그리고 그에 따른 책임을 온전히 개인에게 떠넘긴다. 결과가 잘못되면, 그 책임은 전적으로 '선택'을 한 개인에게 있다는 것이다.

그러나 지금까지 살펴보았듯이 이런 사고는 크게 잘못되었다. 우리는 필요하지도 않은 수많은 선택지 사이에서 헤매지 말고, 불필요한 선택지는 과감히 내려놓을 줄 알아야 한다. 그럼 우리는 무엇을 선택하고 무엇을 선택하지 말아야 할까? 어떻게 우리 의지를 단련해 절제의 기술을 터득할까? 슈워츠는 자기계발서의 어조를 흉내 내어 우리에게 좋은 충고를 한다.[5] 여기에선 그중 몇 개를 골라 소개해보겠다.

첫째, 선택해야 할 때를 선택하라. 인생의 모든 상황에서 모조리 직접 선택하려 들지 말라. 모든 상황이 선택의 순간이 된다면 정신이 너무 피곤할 것이다. 때론 습관에 기대는 게 낫다. 틀에 박힌 방식으로 행동하는 것은 조금도 잘못이 아니다. 오히려 매 순간 습관과 틀이 전혀 없는 삶이야말로 견디기 어려운 것이다.

둘째, 오직 최고만 좋다는 생각은 말이 안 된다. 어떤 것이 내게 썩 만족스럽다면 그건 좋은 게 맞다. 무조건 최고만 좇고 그 외의 것은 전부 무시한다면 결코 행복해질 수 없다. 오히려 '최고'만 바라야 한다는 생각은 우리를 절망으로 이끌 때가 더 많다. 어느 순간 최고로 여겨지던 것도 시간이 지나면 어쩔 수 없이 구식이 되기 때문이다. 최고만 좋다고 생각한다면, 결국 그 무엇에도 만족할 수 없다.

셋째, 대부분의 결정은 돌이킬 수 없다. 슈워츠는 이렇게 질문한다. "당신의 사랑이 '진짜'인지 아닌지, 성관계 능력이 평균 이상인지 아닌지 고민하지 말라. 지금보다 더 나은 사람이 될 수 있지 않을까, 내가 좀 더 능력을 키울 수 있지 않을까 고민하는 것이야말로 불행의 처방전이다."[6] 우리 인생의 많은 부분은 대개 뒤집을 수 없다. 설령 뒤집을 기회가 있더라도 그래서는 안 된다. 특히 타인과의 관계에 얽힌 결정일수록 더 그렇다. 가족과 연인에겐 변함없이 헌신해야 하며, 친구에겐 믿음을 주어야 한다.

넷째, 감사하라. 말만큼 쉽지 않은 일이지만 어쨌든 중요하다. 백합과 새에 대한 키르케고르의 생각이 우리에게 영감을 줄 것이다. 겔스테드가 나무에 대해 노래한 시를 떠올리는 건 어떤가? 절제의 기술을 아름답게 표현하고 예찬한 많은 사례가 있다.

다섯째, 무언가에 중독될 땐 '쾌락 쳇바퀴'를 떠올려라. 앞에서 우리는 쾌락 쳇바퀴에 대해 살펴보았다. 그 개념을 피상적으로만 안다 해도, 지금 당신이 간절히 원하는 걸 얻으면 어찌 될지 좀 더 현실적으로 생각하게 된다. 몹시 원하던 것을 얻는다고 해도, 얼마 지나지 않아 우리는 그 이전의 행복 수준으로 되돌아간다. 이 점을 깨닫고 나면 새로운 차를 사든, 휴가지 숙소를 예약하든, 새로운 사람과 사랑에 빠지든, 우리가 처음에 기대했던 큰 행복이 영원히 지속하지 않는다고 해서 실망하지는 않을 것이다.

여섯째, 남과 비교하지 마라. 다른 사람과 자기 자신을 아예 비교하지 않을 순 없다. 하지만 우리에게 비교하는 성향이 있다는 사실을 깨닫고 나면, 적어도 그 성향을 경계할 수는 있다. 맞다. 원래 남의 집 잔디가 더 푸르러 보이는 법이다. 하지만 울타리 너머로 남의 집 정원을 지켜보는 대신, 자기 집 잔디를 깎고 그 잔디밭에서 아이들과 즐겁게 지내는 편이 낫지 않을까. '최고급' 물건에만 가치가 있다고 주장하는 속물근성은 무시해라. 나는 동네 슈퍼마켓에서 파는 값싼 누가 아이스크림을 정말 좋아한다. 이제껏 먹었던 최고의 식사 메뉴 중 하나는 어느 날 밤 파티가 끝나고 집에 돌아오는 길에 편의점에서 사 먹었던 포카치아 빵이었다. 그 빵은 그야말로 완벽했다. 바로 그 순간, 내가 간절히 원했던 지방과 소금, 감칠맛이 완벽하게 조화를 이루고 있었으니까! 이처럼 사소하고 값싼 것도 얼마든지 풍요로울 수 있다.

마지막으로 일곱째, 한계와 함께 살아가는 법을 배워라. 이 충고야말로 내가 절제와 관련해 말하고 싶은 핵심이기도 하다. 슈워츠의 요지이기도 한데, 이 말은 인간에게 자기 자신을 훈육할 능력이 있다는 것을 의미한다.

하지만 어쩌면 우리가 스스로 의지를 발휘해 무언가를 덜 원하고 내려놓고 절제해야 한다는 생각은 모순에 가깝다. 정말이지 적당히 좋은 것에 만족하려면 아주 강한 의지가 필요하다. 개인의 의지를 강조하는 직접적인 방법의 아킬레스건이 바로 여기에 있다. 얼마든지 계속 원해도 된다고 유혹하는 세상에서, 우리가 무언가를 기꺼이 내려놓는 절제력을 기르고 의지력을 키우는 일이 가능할까?

아마 몇몇은 가능할지도 모른다. 하지만 대부분의 사람에게는 간접적인 방식이 더 도움이 된다. 그러니까 개인적 차원에서 의지력을 발휘하는 것이 아니라, 우리를 둘러싼 제도와 조직, 기술, 가족 등으로 이루어진 사회적, 문화적 환경을 새롭게 가꾸는 것이다. 지금부터 이 점을 염두에 두고, 우리 삶을 형성하는 이런 형식들의 가치에 대해 살펴보자.

형식 없는 자유는 없다

● ● ● ●

　　중요한 것에 집중하고 나머지는 절제하는 환경을 어떻게 가꿀 수 있을까? 아마 미학이 도움이 될지 모른다. 쉽게 말해, 의례를 떠올리면 된다. 인류학자 메리 더글러스는 의례가 사회적 관계를 위한 규정으로, 사람이 자신이 속한 공동체를 이해하고 사랑하도록 도와준다고 말한다.[7] 의례에는 중요한 미학적 차원이 있다. 성당의 예배나 결혼식 같은 의례는 왠지 마음을 뭉클하게 만들고 우리가 어떤 사회에 살고 있는지 상기시켜 준다. 더글러스에 따르면 의례는 사회를 지탱한다. 의례가 없는 사회는 사회답지 못하다. 구성원들이 애정을 갖고 살아가기 힘들다. 의례는 사회적, 공적 삶에 형식을 부여한다. 이런 관점에서 볼 때, 최근 수십 년 사이에 우리 사회의 탈의례화 현상이 극심해진 것은 안타까운 일이다. 어떤 사람은 그 덕택에 개인이 해방되어 보다 창조적으로 자기를 표현할 수 있게 됐다고 말하지만, 형식 없는 완전한 자유란 결코 존재할 수 없다.

사회학자 앤서니 기든스는 현대사회가 의례라는 틀을 통한 전환보다는 경험이라는 '열린 문턱'을 따라 삶의 주기를 꾸린다고 말한다.[8] 그러다 보니 의례의 영향력은 점점 줄어들고, 우리는 대부분의 결정을 스스로 내리게 된다. 탄생과 청소년기, 결혼, 죽음 같은 인생의 주요 전환기도 마찬가지다. 물론 여전히 남아 있는 의례도 있지만, 과거에 지녔던 권위는 대체로 거의 다 사라졌다. 공동체에 내려오는 전통적인 의례 절차를 따르는 대신, 당사자가 직접 의례 여부와 형식을 선택한다. 다시 말해 개인이 의례를 '디자인'한다. 이런 경향은 대표적으로 결혼과 출산에서 두드러진다. 이를테면 개인의 선호에 따라 특정한 날에 분만을 유도하거나 제왕절개를 통해 출산하는 것이다.

　　개인은 수많은 선택지를 손에 쥔 소비자가 되어 제공된 메뉴에서 이것저것 선택해 삶을 조립한다. 그 결과 그냥 자연적으로 의례적으로 이루어지는 일은 이제 거의 없다. 기든스는 오늘날처럼 의례의 영향력이 줄어든 현상으로 인해, 개인이 생애 전환기에 잘 대처하도록 돕는 사회적, 심리적 토대를 잃어버린 건 아닌지 묻는다. 그는 전통적인 통과의례에 대해 이렇게 말한다. "개인의 삶을 더 넓고 실존적인 문제와 연결해주며, 의례의 참가자들이 더 광활한 우주적 힘을 접할 수 있도록 돕는다."[9]

사회의 탈의례화는 바꿔 말하면 개인과 공동체 사이의 유대가 약해졌다는 의미다. 이런 현상은 종종 개인화와 진정성이라는 이름으로 이루어지는데, 큰 위험성을 품고 있다. 모든 사회는 사람들이 보다 문명화된 형식으로 함께 시간을 보내고 살아가도록 돕는 의례들을 절실히 필요로 하기 때문이다. 의례는 개인이 상호작용할 수 있게 해준다. 결혼식이나 장례식을 경건하게 치를 때처럼, 사람들이 공적 공간에 모여 의례화된 형식을 따라 행동하는 일에는 충분한 가치가 있다. 결코 개인의 자유를 빼앗는 가식적인 행위가 아니다.

철학자 앤서니 홀리데이는 한 걸음 더 나아가 의례를 존중하는 것이야말로 보편적인 도덕 가치라고 주장한다.[10] 물론 모든 의례에 도덕적인 가치가 있다는 말은 아니다. 의례화가 어느 정도 이루어진 사회여야 도덕성도 발달할 수 있다는 말이다. 홀리데이에 따르면 우리는 특정한 의례를 받아들이고 존중할 때 도덕성을 유지할 수 있다. 표현과 집회의 자유를 누릴 권리 역시 그런 의례에 포함된다. 홀리데이는 자신이 무슨 이야기를 하는지 잘 알고 있었다. 남아프리카공화국 사람인 그는 제도적으로 인종차별을 옹호한 아파르트헤이트 정권과 싸우는 데 오랜 시간을 바쳤고, 영국으로 망명하기 전까지 감옥에서 무려 6년을 보냈다.

홀리데이의 사상은 철학자 루트비히 비트겐슈타인의 언어철학에서 영감을 얻었다. 비트겐슈타인에 따르면 언어는 '삶의 형식'으로 이해해야 한다. 홀리데이는 진실과 정, 의례에 대한 존경 같은 보편적인 도덕 가치가 있을 때 문명화된 삶의 형식도 있을 수 있다고 보았다. 홀리데이가 의례가 없다면 도덕도 있을 수 없다고 생각한 이유는 의례가 있을 때 비로소 언어 공동체가 탄생할 수 있기 때문이다. 여기에서 우리는 집단적 차원에서도 삶의 미학적 형식이 윤리적 형식과 밀접하게 연결되는 가능성을 볼 수 있다.

그러므로 우리는 윤리적인 삶의 형식이 생겨날 수 있도록, 더욱 아름다운 의례를 갖춘 문화 생태계를 창조해야 한다. 그런 의례는 모든 문화에 있다. 이를테면 생일을 축하하며 노래를 불러주는 일이나 생일 케이크의 촛불을 끄는 행위도 훌륭한 의례다. 개인이 자기 삶에 형식과 의미를 부여하는 의례를 만들 수도 있다. 또한, 집단적인 차원에서, 특히 직장과 교육기관에서 사람들이 함께 노력할 수도 있다. 이처럼 우리가 함께 아름다운 문화와 환경을 가꾸면 테크놀로지의 위협에도 더욱 잘 대처할 수 있다.

이런 일에는 굳이 어렵고 복잡한 심리학 이론이 필요 없다. 『멈추지 못하는 사람들』에서 애덤 알터가 지적한 것처럼 온갖 유혹이 우리를 에워싼 상황에서는 아무리 좋은 습관과 의지를 가진 사람도 유혹에 쉽게 무릎 꿇을 수 있다. 반대로 우리 주변에서 유혹을 제거한다면, 개인이 유혹에 저항할 의지력을 키우기가 훨씬 쉬워진다. 내 주장의 핵심은 환경을 가꾸자는 것이다. 『스탠드펌』에서 말한 것처럼, 좋은 환경을 가꾸는 일이야말로 '굳건히 뿌리내리는 삶'을 위한 전제 조건이다. 뿌리내릴 토양이 없다면 당연히 뿌리가 자라날 수 없다. 철학자이자 무정부주의자, 신비주의자인 시몬 베유는 자신의 책에서 '뿌리내림'이야말로 인간에게 가장 중요한 가치인데도 제대로 인정받지 못한다고 말했다.[11] 우리를 둘러싼 많은 문제는 뿌리내릴 토양이 없다는 것뿐 아니라, 그것이 얼마나 중요한지 알지 못한다는 데서도 나온다. 우리는 바로 의례를 통해서 뿌리내림의 가치를 발견할 수 있다. 하지만 요즘 같은 시대에 어떻게 해야 그게 가능할까?

사회의 중요한 가치를 지키는 성숙한 시민들

앞에서 우리는 개인의 의지를 단련해 절제의 기술을 기르는 방법을 살펴보았다. 이번에는 다소 사회적이면서도 현실적인 제안을 해보겠다.

먼저 우리는 과거를 배우고, 문화 전통을 따르는 일

이 개인의 자유를 빼앗는 게 아니란 사실을 알아야 한다. 교육 정책을 제안하거나 학교에서 아이를 가르칠 때도 공동체의 과거 경험을 재구성하고 재생산하는 일을 두려워하지 말아야 한다. 한 사회의 뿌리를 이해하는 일은 결코 고리타분한 것이 아니다. 우리 존재가 공동체에 뿌리를 두고 있고, 우리 삶이 곧 그곳에서 살아가는 일이라는 걸 깨닫는 일이다. 오늘날 많은 사람이 혁신과 파괴에서 희망을 찾으려 한다. 하지만 무조건적인 혁신이나 파괴는 우리 삶의 모든 형식과 한계를 없앨 뿐이다. 삶에 도움에 되는 혁신적 사고를 하려면 우리가 사는 시대와 장소를 역사적인 관점에서 이해할 줄 알아야 한다.

유연한 적응력을 갖춘 사람, 혁신적이며 주도적인 사람, 자기 관리를 잘하는 사람, 언제나 기꺼이 변화할 준비가 된 사람이라는 현대사회의 '이상형'들은 결코 절제나 내려놓는 일을 달가워하지 않을 것이다.[12] 얼마 전, 나는 컨설팅 회사 데어디스럽트의 미래학자가 쓴 글을 읽었다. 그는 미래 사회가 요구할 인간 유형을 소개하면서, 우리도 거기에 맞춰 평생 자신을 교육해야 한다고 주장했다.[13] 그는 미래에 필요한 직업으로 코딩 전문가, 창작자, 경영자, 돌봄 전문가, 사업가, 예술가를 들었다. 어쩌면 돌봄 전문가를 뺀 나머지 직업은 경계를 부수고 변화와 쇄신을 주도하며, 자기계발을 토대로 한 혁신적이고 파괴적인 일을 한다고 할 수 있다. 사회를 유지하고 재생산하는 일에는 관심이 적은 직업들이다. 다시 말해, 미래 사회의 이상형은 끊임없이 자신을 재창조하는 사람이고, 변화의 흐름을 주도하는 사람이며, 스타트업을 창업해 자신의 삶을 경영하는 사업가다. 자신만의 정체성을 갖고 노는 예술가이자, 한 가지 프로젝트를 완수하자마자 또 다른 프로젝트를 시작하는 사람이다.

이런 이상형에 근접한 사람도 있겠지만 대부분의 사람은 그러기 힘들다. 그런데도 우리는 모두가 이런 이상에 따를 것을 요구받는다. 평가 면담 자리에서, 자기계발 강좌에서, 또는 다른 여러 형태의 자기계발 훈련을 통해. 이런 이상을 좇는 길목에서, 우리는 자주 실패하고 스트레스를 받으면서 정신적으로 소진될 수밖에 없다. 자신의 무능함에 좌절한 나머지 '개소리 빙고 놀이'를 하기도 한다. 경영자나 컨설턴트가 우리에게 성장과 혁신을 요구하며 떠들어대는 공허한 유행어를 따라 '빙고'를 외치면서 말이다.[14]

　우리는 흔히 예술가를 창조적이고 혁신적인 존재로 여긴다. 그런데 만약 구성원 모두가 이런 예술가로 구성된다면, 사회는 일관성과 안정성을 잃을 것이다. 누구도 사회적 의무를 지지 않고 그저 순간적인 변덕이 이끄는 대로 살아갈 테니까. 하지만 다행히도 많은 사람이 예술가보다는 큐레이터에 가깝다. 통일성 있는 주제로 상설 전시를 기획하고 제멋대로인 예술가에게 틀을 제공한다. 큐레이터 유형은 사회에 꼭 필요한 역할을 한다. 안정적이고 공정한 체계를 만들어 구성원이 사회를 투명하게 이해할 수 있도록 돕는 것이다. 기존의 의례를 유지하고 보존하는 역할을 하는 동시에, 단기적 이익만을 앞세운 파괴의 위협으로부터 사회의 중요한 가치들을 지킨다. 우리는 그들에게 감사해야 한다. 큐레이터나 보호자 역할을 하는 일자리가 많아져야 하며, 그들의 노력을 제대로 보상해줘야 한다. 모든 사람이 예술가나 사업가처럼 살지 않는다고 부끄러워해서는 안 된다. 따지고 보면 예술적 혁신 역시 한계를 밀어붙이고 기존의 틀을 완전히 부술 때보다는 틀을 창조하고 유지하는 큐레이터와 보호자들이 있을 때 더 잘 이루어진다. 미래에는 이런 존재가 더 많이 필요할 것이다.

사회 전체적으로도 시민을 윤리적으로 양육하는 데 좀 더 집중할 필요가 있다. 절제의 기술을 익히려면 윤리적으로 성숙해야 하며, 그 과정은 가정과 학교, 사회 모든 곳에서 이루어져야 한다. 우리는 지금까지 국제학업성취도평가나 국가수준학업성취도평가 등을 통해 학업 능력을 수량적으로 측정하는 데만 교육의 초점을 맞추었다. 역량 개발을 하고 최대의 성취를 얻는 데만 집착했다. 그러나 공교육의 가장 중요한 역할은 민주주의 체제를 보존하는 동시에 혁신할 능력을 갖춘 책임감 있는 시민을 양성하는 것이다. 그런데도 학교는 너무나 오랫동안 시험에서 높은 점수를 올리는 데만 열중해왔다. 우리는 이 사회를 살아갈 시민들에게 어떤 행위가 옳으므로 그 일을 해야만 한다고 가르쳐야 한다. 어떤 일이 이득이 되니까 해야 한다고 말하는 대신 말이다.

개인들에게 자기 앞날을 위해 마시멜로를 쌓아두라고 가르치는 대신, 주변 사람과 마시멜로를 나누어 갖는 행동을 권장하고 보상을 해줘야 한다. 이런 양육 방식은 그때그때 이익에 따라 행동하는 기회주의와는 정반대의 것이다. 오늘날 우리 눈앞에 들이닥친 지구적 위기에 대처하는 데에도 꼭 필요한 양육 방식이다. 이런 윤리적 교육은 지적 능력을 기르는 교육과 전혀 충돌하지 않는다. 윤리적 교육은 우리가 혼자만의 힘으로 살아가는 것이 아니라, 훨씬 큰 세상에서 다른 이들과 함께 살아가는 것이라는 통찰을 바탕으로 한다. 이러한 통찰은 역사, 철학, 과학 등 다양한 학문 분야에서 공유된다.

일상을 반복할 용기

● ● ● ●

우리 삶에서 우연의 비중이 생각보다 훨씬 크다는 사실도 깨달아야 한다. 모든 이가 자기 운명의 주인이며 마음만 먹으면 '내가 원하는 것은 언제든 전부 다 할 수 있다'고 생각하는 것은 문제가 있다. 이런 생각은 결코 만족을 모를 자기계발과 최대 성과의 철학을 바탕으로 한다. 그리고 결과가 틀어지면 그 책임을 전부 다 개인에게 돌리는 방향으로 이어진다. 최근 들어 개인이 딱히 좌우할 수 없는 다양한 문제, 이를테면 실업이나 빈곤, 질병, 이런저런 사회 문제에 대한 책임을 모조리 개인에게 떠넘기는 경향이 두드러지고 있다. 예컨대, 취업이 어려운 것은 노력이 부족하거나 눈높이가 지나치게 높은 게 잘못이라는 식이다. 사실 그런 문제의 가장 큰 책임은 개인이 아니라 정치제도나 사회의 구조적 문제에 있는데도 말이다.

그 누구도 자기 운명을 전적으로 홀로 책임지지 않는다. 이렇게 생각할수록 우리는 서로 더 많이 연대하게 된다. 그런 관점을 토대로 사회제도를 고안하고 일상을 꾸릴수록 부유층 역시 기꺼이 덜 가지려는 마음을 갖게 될 것이다. 그들 역시 뜻하지 않은 운명이나 질병의 희생자가 되었을 때, 언제든 사회로부터 도움을 받을 테니 말이다. 절제의 기술을 배우는 일은 단지 공허한 금욕주의를 연습하는 것이 아니다. 우리가 모두 충분히 행복과 여유를 누릴 수 있는 사회를 만드는 일이다. 내가 사는 덴마크는 상당히 평등을 중시한다. 동시에 (국제적인 순위에 따르면) 무척 행복한 사회이기도 하다. 덴마크가 이처럼 세계에서 가장 조화로운 나라, 행복한 나라로 꼽히는 가장 큰 이유는 빈부격차가 비교적 적다는 데 있다.[15] 평등은 그 자체로 목적은 아니지만, 불평등으로 촉발되는 다양한 문제가 있다는 사실은 어제오늘 일이 아니다.

조금 추상적으로 말하면 '순환적 시간관'에 대한 성찰도 필요하다. 오늘날 우리는 직선적 시간관에 익숙해져 있다. 우리 눈앞의 어떤 것도 놓치지 말라고, 더 많이 해내고 소유하라며 끊임없이 요구하는 생각은 바로 직선적 시간관을 토대로 한다. 평생학습을 하며 무한히 성장하기를, 계속해서 최대 성과를 내기를 요구받는다. 올해보다 내년에 더 많은 성과를 내야 한다. 마치 무한 성장이라는 쳇바퀴에 갇혀 있는 것처럼 말이다. 그 결과는 오늘날 사람들에게 만연한 스트레스와 우울증, 불안에 대한 통계가 잘 보여준다.

과거에 우리는 삶이 개인적일 뿐 아니라 더 넓은 세상과도 긴밀하게 연결되어 있다는 것을 알고 있었다. 개인의 의지나 능력과 상관없이, 상황에 따라 좋을 때도 있고 나쁠 때도 있다고 생각했다. 「전도서」의 한 구절처럼 "모든 일에는 때가 있다"라는 것도 잘 알고 있었다. 우리는 이처럼 삶이 개인의 내적 동기뿐 아니라 외부 요소나 계절적이고 순환적인 변화에 따라서도 달라질 수 있다는 사실을 다시금 깨달을 필요가 있다. 노련하고 현명한 사람은 어느 해에 유행하던 것이 이듬해엔 뒤처진 것이 될 수 있으며, 옛 유행이 돌아오기도 한다는 사실을 안다. 우리는 이러한 반복과 순환을 두려워하지 말아야 한다. 키르케고르가 『반복』에서 말한 것처럼 반복과 순환이야말로 개인과 집단의 삶에 형식을 부여한다. 우리에게 순환이 없다면 삶은 "내용 없는 텅 빈 소음"으로 녹아버릴 것이다.[16]

반복이 없다면 의무도 없고 의미도 없다. 그것은 매일 아침 일어나 배우자나 아이를 위해 도시락을 싸는 행위다. 오랜 친구를 찾아가는 일이다. 친구가 아프고 우울한 상태여서 함께 시간을 보내는 게 그다지 즐겁지만은 않을 때도 말이다. 현실에서 이러한 반복을 수행하기 위해서는 일종의 용기가 필요하다. 그것이 옳은 행위이기 때문에, 그 일을 평소처럼 똑같이 해내려는 용기가 있어야 한다.

극단주의여, 이제 안녕!

● ● ● ●

이 책에서 계속 주장한 것처럼 그런 행위를 반복하려면 무언가를 하지 않기로 선택하는 것도 필요하다. 지금 내가 맺고 있는 관계보다 더 흥미로울지 모를 새로운 관계를 맺지 않기로 해야 하기 때문이다. 지금 만나는 연인과의 사랑과 신뢰를 지키기 위해, 호기심이 생기는 새로운 사람을 만나지 않는 것이다. 어떤 한 가지만 정말 잘하길 원하는 사람은 다른 모든 것을 동시에 다 잘할 수 없다는 걸 안다. 나는 지금까지 자기 절제를 옹호하며, 한계를 모르는 문화가 절제를 키우기에 적합한 토양이 아니라는 것을 이야기했다. 또한, 개인의 의지를 기르는 직접적 방법뿐 아니라, 우리 삶에 형식을 부여하고 문화 환경을 가꾸는 간접적 방법의 가치도 살펴보았다.

철학자 매튜 크로포드는 우리가 '관심의 생태계'를 함께 창조해야 한다고 말한다. 우리 정신을 분산시키는 오락거리와 끝없는 자기계발 문화가 창조해낸, 그 누구도 결코 채울 수 없는 욕망의 쳇바퀴에서 탈출하길 원한다면 말이다.[17] 그 일은 개인적 차원에서 우리 삶을 어떻게 조직하는지, 조직적 차원에서 우리의 일터를 어떻게 만들 것인지, 그리고 사회적 차원에서 공교육과 사회제도, 의료제도 등에 어떠한 변화를 끌어낼 것인지를 고민하는 것이다. 쳇바퀴에서 내려오는 일은 단지 개인의 의지력에만 달린 문제가 아니다. 쳇바퀴 자체가 존재하지 않는 문화를 창조해내는 게 더 중요하다. 나는 이런 사회와 문화를 창조하는 가장 훌륭한 길은 우리가 물려받은 좋은 의례들을 지키고, 삶의 미학을 창조해내는 일이라 생각한다. 물론 내 생각은 기껏해야 아직 배아 상태에 불과하다. 여기에 살을 붙이기 위해서는 전문가와 구성원 다수의 활발한 논의가 필요할 것이다. 나는 우리가 삶의 틀을 함께 만들어갈 때, 지난 반세기 동안 점점 가속화되어 온 한계와 만족을 모르는 문화에도 재갈을 물릴 수 있다고 생각한다. 그래야 비로소 스트레스와 우울증, 무절제한 자기실현만 추구하는 병적인 흐름도 멈출 것이다.

나는 우리가 절제에 대한 생산적 토론에 참여하고, 절제의 가치를 존중하길 바란다. 이 책을 다양한 형태의 극단주의에 대한 균형추로 삼아주었으면 좋겠다. 만약 독자들이 이 책에 대한 감상을 '극한으로 절제되었다'라고 말해준다면, 더 바랄 것이 없겠다.

절제는 그 자체로
가치 있는 일

이 책에서 나는 주로 절제와 내려놓기에 대해 다루었다. 우리 눈앞에 닥친, 그리고 미래에 닥칠 위기에 현명하게 대처하려면 이제는 집단적 차원에서 모든 나라가 절제의 기술을 익혀야만 한다. 부유할수록 특히 그러하다. 개인적 차원에서는 사회 곳곳에 도사리고 있는 헛된 유혹에 빠져 모든 것을 가지려 하지 말고 적당히 만족하는 법을 배우는 편이 좋다. 이러한 절제는 우리의 삶을 의미 있고 행복하게 만들어주지만, 사실 그 자체로 가치 있는 일이기도 하다.

이 책은 채우는 것이 아니라 비우는 데서, 탐욕이 아니라 결핍에서 의미를 창조한다. 어쩌면 조금 구식처럼 보이는 삶의 방식을 열정적으로 옹호하기도 한다. 전작인 『스탠드펌』과 『철학이 필요한 순간』보다 정치적인 메시지가 더 많긴 하지만, 요즘 사람들이 점점 더 많은 관심을 기울이고 있는 근본적이고 윤리적인 주제도 다루었다. 나는 『스탠드펌』에서 자기계발 중독을 비판했고, 『철학이 필요한 순간』에서는 우리가 삶의 토대로 삼을 만한 근본적이고 윤리적인 관점들을 찾아내려 애썼다. 이 책에선 이런 가치들을 통해 우리 삶을 어떻게 살아갈지에 대한 고민을 담았다. 이 책은 내가 쓴 전작의 메시지와 말 그대로 함께 간다.

우리가 어떤 하나의 가치를 굳게 지키고 그 위에 바로 서 있으려면, 다른 것들은 내려놓을 수밖에 없다. 하나의 가치를 위해 다른 많은 것을 내려놓는 일이 쉽지는 않겠지만, 그건 실존적으로 윤리적으로, 그리고 심리적으로 우리가 행복한 삶을 꾸려가기 위해 꼭 필요한 일이다.

　이 책을 쓰는 내내 도움을 준 편집자 아네 바인코프에게 감사를 전한다. 또한, 너그럽게 시간을 내어 원고를 읽고 소중한 조언을 해준 에스테르 홀테 코포드, 토마스 에스트루프 뢰메르, 토마스 슐레빅스에게도 고맙다고 말하고 싶다. 마지막으로 이 책을 끝까지 읽어준 독자들에게도 특별한 감사의 마음을 전한다.

주석

시작하며. 기꺼이 뒤처지고 더 많이 내려놓을 용기

1   Harry Walcott, *Writing Up Qualitative Research*, 3rd end, Sage, 2009.

원칙 1. 선택지 줄이기

1   Walter Mischel, *The Marshmallow Test: Understanding Self-control and How to Master It*, Transworld Publishers, 2015(『마시멜로 테스트』, 한국경제신문, 2015).
2   이 실험과 그 수용의 역사는 다음 책에서 면밀히 검토되었다. Ole Jacob Madsen, *'Det er innover vi må gå.' En kulturpsychologisk studie av selvhjelp*('우리는 내면을 향해야 한다': 자기계발에 대한

문화 심리학적 연구), Universitetsforlaget, 2014.

3   Alan Buckingham, 'Doing Better, Feeling Scared: Health Statistics and the Culture of Fear'. In D. Wainwright(ed.), *A Sociology of Health*, Sage, 2008.

4   Celeste Kidd et al., 'Rational Snacking: Young Children's Decision-making on the Marshmallow Task is Moderated by Beliefs about Environmental Reliability', *Cognition* 126:1(2013), 109-14. 더 자세한 논의를 원한다면 다음 글을 살펴보라. Madsen, 'Det et innover vi må gå'. *En kulturpsychologisk studie av selvhjelp*.

5   내가 『스탠드펌』에서 제기한 주장 가운데 하나다. 그 책에서 나는 사람들이 처한 문제를 개인화하고 심리적 관점으로만 보는 경향을 비판했다.

6   나는 이 점을 『철학이 필요한 순간』에서 충분히 다루었다.

7   Ove Kaj Pedersen, *Konkurrencestaten*(경쟁국가), Hans Reitzel, 2011, p.190.

8   William Davies, *The Happiness Industry: How the Government and Big Business Sold Us Well-Being*, Verso, 2015(『행복 산업』, 동녘, 2015).

9   Shane Frederick and George Loewenstein, 'Hedonic Adaptation'. In D. Kahneman, E. Diener and N. Schwarz(eds), *Well-Being: The Foundations of Hedonic Psychology*, Russell Sage Foundation, 1999, p.302.

10 같은 글, p. 313.

11 http://www.gutenberg.org/files/1672/1672-h/1672-h.htm

12 Julie Norem, *The Positive Power of Negative Thinking*, Basic

Books, 2001(『걱정 많은 사람들이 잘 되는 이유』, 한국경제신문, 2015).

13   다음에 이어지는 내용은 일간지 《폴리티켄Politiken》에 조금 다른 형태로 실은 것이다. http://politiken.dk/debat/debatindlaeg/art5856925/Det-er-den-positive-t%C3%A6nkning-der-har-1%C3%A6rt-Trump-at-han-bare-kan-skabe-sin-egen-virkelighed

14   Barry Schwartz, *The Paradox of Choice: Why More is Less*, HarperCollins, 2004(『점심메뉴 고르기도 어려운 사람들』, 예담, 2015).

15   Adam Alter, *Irresistible: Why We Can't Stop Checking, Scrolling, Clicking and Watching*, The Bodley Head, 2017(『멈추지 못하는 사람들』, 부키, 2019). 다음에 이어지는 내용은 내가 《폴리티켄》에 썼던 글을 다시 활용했다. http://politiken.dk/kultur/art5935742/Mindst-hvert-femte-minut-m%C3%A6rker-jeg-en-trang-til-at-tjekke-min-smartphone

16   Naomi S. Baron, *Words Onscreen: The Fate of Reading in a Digital World*, Oxford University Press, 2015.

원칙 2. 진짜 원하는 것 하나만 바라기

1   Piet Hein, 'You Shouldn't Want It All', *Grooks*, The MIT Press, 1966.

2   가치 있는 삶을 위한 실존적 조건으로, 우리의 유한성에 대한 성찰이 필요하다는 이야기는 『철학이 필요한 순간』에서도 했다.

3   Knud Ejler Løgstrup, *Den etiske fording*(윤리적 요구), Glydendal, 1956, p.19.

4   세넷은 *The Fall of Public Man*, Penguin, 1977에서 이 점에 대해 다루었다.

5   http://www.naturalthinker.net/trl/texts/Kierkegaard,Soren/ PurityofHeart/showchapter4.html

6   위의 글.

7   Søren Kierkeggard, *Upbuilding Discourses in Various Spirits*, edited and translated by Howard V. Hong and Edna H. Hong, Princeton University Press, 2009, p.38.

8   위의 책, p.39.

9   이는 『철학이 필요한 순간』의 요지다.

10   Kierkeggard, *Upbuilding Discourses in Various Spirits*, pp.51-2.

11   H. Gollwitzer, K. Kuhn and R. Schneider(eds), *Dying We Live*, Fontana, 1976.

12   나는 이를 『철학이 필요한 순간』에서도 다루었다.

13   Harry G. Frankfurt, *The Importance of What We Care About*, Cambridge University Press, 1998.

14   Lise Gorsmen, 'Doktor, hvordan skal jeg leve mit liv?(선생님, 저는 어떻게 인생을 살아야 하나요?)', in C. Eriksen(ed.), *Det meningsfulde liv*(의미 있는 삶), Aarhus Universitetsforlag, 2003.

15   이 책에서 나는 '윤리ethics'와 '도덕morality'을 같은 뜻으로 썼다. '윤리'는 그리스어에서, '도덕'은 라틴어에서 나왔다. 윤리라는 단어는 본래 생명이 취하는 전체적인 형태를 일컫는 말이기에, 정원의 장미를 돌보는 일에도 윤리적 의미가 있다고 할 수 있다. 아마도 아리스

토텔레스라면 '윤리'라는 단어를 그렇게 썼을 것이다. 다만 오늘날 윤리와 도덕의 의미는 더 좁아졌고, 둘의 차이에 대해서도 의견이 분분하다.

16 Frankfurt, *The Importance of What We Care About*, p.89.

17 Adam Philips, *Missing Out: In Praise of the Unlived Life*, Farrar, Strous & Giroux, 2012.

18 같은 책, p. xv.

19 Max Weber, *The Protestant Ethics and the Spirit of Capitalism*, George Allen & Unwin, 1930(『프로테스탄티즘의 윤리와 자본주의 정신』, 길, 2010.).

원칙 3. 기뻐하고 감사하기

1 '윤리'와 '도덕'에 대해서는 2장의 15번 주석을 참고하라.

2 대표적인 글은 Daniel Kahneman, Jack L. Knetsch and Richard H. Thaler, 'Fairness and the Assumptions of Economics', *Journal of Business* 59(1986), S285-S300.

3 https://www.coll.mpg.de/pdf_dat/2010_07online.pdf

4 Donald Winnicott, 'The Theory of the Parent-Infant Relationship', *International Journal of Psychoanalysis* 41(1960), 585-95.

5 소극적 허무주의라는 개념은 사이먼 크리츨리Simon Critchley에게서 가져왔다. 그의 책을 참고하라. *Infinitely Demanding: Ethics of Commitment, Politics of Resistance*, Verso, 2007.

6 이어지는 글은 Søren Kierkegaard, *Lilien paa Marken og Fuglen*

under Himlen: *Tre gudelige Tale*r(들의 백합, 공중의 새: 세 가지 설교). 1849.

7   위의 책.

8   Karl Ove Kanisgård, *Spring*, translated by Ingvild Burkey, Harvill Secker, 2018.

9   Kierkegaard, *Lilien paa Marken og Fulgen under Himlen*.

10 Otto Gelsted, 'Salmer', *Enetaler*, University of California Libraries, 1922.

11 Anne-Marie Christensen, *Modern dydsetik arven fra Aristoteles*(현대 덕 윤리학 아리스토텔레스의 유산), Aarhus University Press, 2008.

12 Harry Clor, *On Moderation*: *Defending an Ancient Virtue in a Modern World*, Baylor University Press, 2008.

13 같은 책, p.10. 클로가 이 구절을 쓴 이후 그의 나라는 도널드 트럼 프를 대통령으로 선출했다. 이에 대해 어떻게 생각하든, 트럼프가 클로의 구절과 정반대되는 특성을 대표한다는 것은 분명하다. 그는 대립하며 선동하는 방식으로 사람들에게 말한다.

14 Paul Ricoeur, *Oneself as Another*, University of Chicago Press, 1992(『타자로서 자기 자신』, 동문선, 2006).

15 이 문제를 내 책에서도 다뤘다. *Udfordringer i forbrugersamfundet*(정체성: 소비사회의 도전), Klim, 2008.

16 Kenneth Gergen, *Realities and Relationships*, Harvard University Press, 1994, p.249.

17 Goodin, *On Settling*, p.64.

원칙 4. 단순하게 살기

1   내 책 『스탠드펌』에서 분석한 대로다.

2   Ove Kaj Pedersen, *Konkurrencestaten*.

3   Jørgen Steen Nielsen, 'Velkommen til antropocæn'(인류세에 오신 걸 환영합니다), *Information*, 27 June 2011, http://www. information.dk/udland/2011/06/velkommen-antropocaen

4   Elizabeth Kolbert, *The Sixth Extinction*: *An Unnatural History*, Bloomsbury, 2014.(『여섯 번째 대멸종』, 처음북스, 2014) Arne Johan Vetlesen and Rasmus Willig, *Hvad skal vi svare?*(대답은 무엇인가?) 출간 예정인 이 책은 우리가 반드시 염신경 써야 할 다양한 문제를 다룬다. 출간 전에 미리 원고를 읽도록 허락해준 저자들에게 감사를 전한다.

5   http://www.theguardian.com/environment/2018/apr/26/ were-doomed-mayer-hillman-on-the-climate-reality-no-one-else-will-dare-mention

6   Jason Hickel, *The Divide*: *A Brief Guide to Global Inequality and its Solutions*, William Heinesen, 2017.

7   Richard Wilkinson and Kate Pickett, *The Spirit Level*: *Why Equality is Better for Everyone*, Penguin, 2009(『불평등 트라우마』, 생각이음, 2019).

8   http://www.oecd.org/social/inequality.htm

9   Paul Mason, *Postcapitalism*: *A Guide to Our Future*, Penguin, 2016(『포스트자본주의 새로운 시작』, 더퀘스트, 2017).

10   위의 책.

11   Hartmut Rosa, *Social Acceleration*: *A New Theory of Modernity*,

Columbia University Press, 2015.

12 Zygmunt Bauman, *Liquid Modernity*, Polity, 2000(『액체근대』, 강, 2009)

13 나는 이를 『스탠드펌』에서 다루었다.

14 Anders Petersen, *Præstationssamfundet*(성과사회), Hans Reitzel, 2016.

15 예를 들어 그의 대표작인 *Risk Society*, Sage, 1992(『위험사회』, 새물결, 2009).

16 Robert Goodin, *On Settling*, Princeton University Press, 2012.

17 이를 옹호하는 사람으로 17세기 법철학자 휴고 그로티우스[Hugo Grotius]가 있다.

18 Benjamin Barber, *Consumed: How Markets Corrupt Children, Infantilize Adults, and Swallow Citizens Whole*, Norton, 2007.

19 다른 개념들이 '단순하게 살기'를 대체한 듯 보인다. 이를테면 '느리게 살기' 운동은 하르트무트 로자[Hartmut Rosa]를 비롯한 많은 사람들이 설명한 사회 가속화에 대한 저항으로 볼 수 있다.

20 Jerome Segal, *Graceful Simplicity: The Philosophy and Politics of the Alternative American Dream*, University of California Press, 2006.

21 http://yougov.co.uk/news/2015/08/12/british-jobs-meaningless

22 http://evonomics.com/why-capitalism-creats-poinltess-jobs-david-graeber

23 이것이 내가 『철학이 필요한 순간』에서 하려는 말이었다.

원칙 5. 기쁜 마음으로 뒤처지기

1   이는 내 동료 레네 탕고르Lene Tanggaard의 창조성에 대한 연구의 주
    요 주제로, 나 역시 많은 영감을 받았다.

2   2016년 9월 27일 첫 방송된 로젱크예르 시리즈 「Det
    meningsfulde liv(의미 있는 삶)」에서.

3   예를 들어 다음 자료를 보라. Jørgen Leth, 'Tilfældets gifts: En
    filmisk poetik'(우연의 선물: 영화적 아름다움), *Kritik*, 2006,
    2-10; 그리고 Jonathan Wichmann, *Leth og kedsomheden*(레트
    와 지루함) Information Publishing, 2007.

4   Michel Foucault, 'On the Genealogy of Ethics: An Overview
    of Work in Progress'. In Paul Rainbow(ed.), *The Foucault
    Reader*, Penguin, 1984.

5   Schwartz, *The Paradox of Choice*.(『점심메뉴 고르기도 어려운 사
    람들』, 예담, 2015).

6   위의 책, p.229.

7   Mary Douglas, *Purity and Danger*, Routledge & Kegan Paul,
    1966, p.128(『순수와 위험』, 현대미학사, 1997).

8   Anthony Giddens, *Modernity and Self-identity: Self and Society
    in the Late Modern Age*, Polity Press, 1991. 그의 연구에 대한 내
    분석도 참고하라. 2008년 발표한 내 책 *Identitet: Udfordringer i
    forbrugersamfundet*에서 찾아볼 수 있고, 이 부분의 몇 문단도 그 책
    에서 가져왔다.

9   Giddens, *Modernity and Self-identity*, p.204.

10 Anthony Holiday, *Moral Powers: Normative Necessity in
    Language and History*, Routledge, 1988.

11 Simone Weil, *The Need for Roots*, Routledge, 2002(초판은 1949년에 출간)(『뿌리내림』, 이제이북스, 2013).

12 다음 이어지는 내용은 원래 《폴리티켄》에 발표했던 글을 토대로 한다. http://politiken.dk/kultur/art5973426/Nej-tak-Hella-Joof-hvorfor-i-alverden-skal-vi-disrupte-vores-liv

13 다음 글을 참고하라. http://politiken.dk/indland/uddannels/studieliv/art5961892/Fremtidens-seks-typer-%E2%80%93-som-vi-skal-uddanne-os-til-hele-livet

14 개소리 빙고Bullshit Bingo는 빙고의 패러디 게임이다. 숫자 대신 '파괴'나 '혁신'처럼 요즘 쓰이는 공허한 상투적 문구를 써서 체크 표시를 하는 것이다. 상사나 동료가 이런 단어를 쓸 때마다 하나씩 지우다가 빙고 칸을 다 지우면 '하우스!' 하고 외친다.

15 Wilkinson and Pickett, *The Spirit Level*: *Why Equality is Better for Everyone*.(『평등이 답이다』, 이후, 2012).

16 쇠렌 키르케고르의 『공포와 전율』과 『반복』을 보라.

17 Matthew B. Crawford, *The World Beyond Your Head*: *On Becoming an Individual in an Age of Distraction*, Farrar, Straus and Giroux, 2015(『당신의 머리 밖 세상』, 문학동네, 2019).

"스토아철학은 불행을 이기는 삶의 기술이다"

지위 불안과 성공 강박에 시달리는 현대인에게
스토아철학이 건네는 7가지 가르침

스탠드펌
시류에 휩쓸리지 않고 굳건히 서 있는 삶

스벤 브링크만 지음 | 강경이 옮김 | 14,000원

 덴마크 서점 106주 연속 베스트셀러
★★★★★

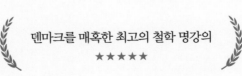

옮긴이 강경이

영어교육과 비교문학을 공부했고, 좋은 책을 발굴하고 소개하는 번역 공동체 모임 펍헙번역그룹 회원으로
활동하고 있다. 옮긴 책으로는 『스탠드펌』, 『철학이 필요한 순간』, 『프랑스식 사랑의 역사』, 『걸 스쿼드』,
『길고 긴 나무의 삶』, 『과식의 심리학』, 『천천히, 스미는』, 『그들이 사는 마을』, 『오래된 빛』, 『아테네의 변
명』 등이 있다.

유혹의 시대를 이기는 5가지 삶의 원칙

절제의 기술

초판 1쇄 발행 2020년 4월 7일
초판 9쇄 발행 2023년 7월 27일

지은이 스벤 브링크만
옮긴이 강경이
펴낸이 김선식

경영총괄이사 김은영
콘텐츠사업본부장 박현미
콘텐츠사업4팀장 임소연 **콘텐츠사업4팀** 황정민, 박윤아, 옥다애, 백지윤
편집관리팀 조세현, 백설희 **저작권팀** 한승빈, 이슬, 윤제희
마케팅본부장 권장규 **마케팅1팀** 최혜령, 오서영
미디어홍보본부장 정명찬 **브랜드관리팀** 안지혜, 오수미, 문윤정, 이예주
크리에이티브팀 임유나, 박지수, 변승주, 장세진, 김화정 **뉴미디어팀** 김민정, 이지은, 홍수경, 서가을
지식교양팀 이수인, 염아라, 김혜원, 석찬미, 백지은 **영상디자인파트** 송현석, 박장미, 김은지, 이소영
재무관리팀 하미선, 윤이경, 김재경, 이보람
인사총무팀 강미숙, 김혜진, 지석배, 박예찬, 황종원
제작관리팀 이소현, 최완규, 이지우, 김소영, 김진경, 양지환
물류관리팀 김형기, 김선진, 한유현, 전태환, 전태연, 양문현, 최창우
외주스태프 교정교열 박영숙

펴낸곳 다산북스 **출판등록** 2005년 12월 23일 제313-2005-00277호
주소 경기도 파주시 회동길 490 다산북스 파주사옥 3층
전화 02-702-1724 **팩스** 02-703-2219 **이메일** dasanbooks@dasanbooks.com
홈페이지 www.dasanbooks.com **블로그** blog.naver.com/dasan_books
종이 (주)아이피피 **인쇄** 상지사 **코팅 및 후가공** 평창피앤지 **제본** 상지사

ISBN 979-11-306-2935-3(03190)

다산북스(DASANBOOKS)는 독자 여러분의 책에 관한 아이디어와 원고 투고를 기쁜 마음으로 기다리고 있습니다.
책 출간을 원하는 아이디어가 있으신 분은 다산북스 홈페이지 '투고원고'란으로 간단한 개요와 취지, 연락처 등을
보내주세요. 머뭇거리지 말고 문을 두드리세요.